**quiero morir,
pero también
comer tteokbokki**

quiero morir, pero también comer tteokbokki

baek sehee

Conversaciones con mi psiquiatra

Traducción de Paula Martínez Gual

Argentina – Chile – Colombia – España
Estados Unidos – México – Perú – Uruguay

Título original: 죽고 싶지만 떡볶이는 먹고 싶어
(I Want to Die but I Want to Eat Tteokbokki)
Editor original: HEUN Publishing
Traducción: Paula Martínez Gual

1.ª edición: noviembre 2023

ISBN: 978-84-92917-21-1
E-ISBN: 978-84-19699-68-8
Depósito legal: B-16931-2023

Fotocomposición: Ediciones Urano, S.A.U.
Impreso por: Rodesa, S.A. – Polígono Industrial San Miguel
Parcelas E7-E8 – 31132 Villatuerta (Navarra)

Impreso en España – *Printed in Spain*

Adentrarme en mi propia oscuridad es uno
de los caminos para sentirme libre.
Mi sombra soy yo.
Espero que mis personas cercanas puedan llegar
a conocer esta parte de mí.

Índice

El arte me ha dado fe; fe de que, aunque hoy no sea un día perfecto, puede ser un día aceptable; fe de que después de estar deprimida durante todo el día, aún puedo reír ante algo pequeño e insignificante.

Prólogo
Vivo sin problemas, pero ¿por qué me siento vacía?

«Si quieres ser feliz, no debes temer algunas realidades.
No solo no debes temerlas, sino que debes afrontarlas.
Primero, que siempre somos infelices, y nuestras
tristezas, sufrimientos y miedos tienen sus razones de
ser. Segundo, que no hay forma alguna de eliminar
estos sentimientos de nosotros mismos. Son algo
nuestro, son una parte nuestra».

MARTIN PAGE, en *Une parfaite journée parfaite*.

Este fragmento es uno de mis favoritos; lo leo a menudo. En los momentos más duros de mi depresión aún era capaz de reírme con un amigo, pero al hacerlo sentía un vacío en una esquina de mi corazón. Después, físicamente notaba cómo el vacío iba a otras partes de mi cuerpo: a mi estómago. Cuando me pasaba esto siempre iba a comer tteokbokki*, era

---

* El tteokbokki (떡볶이) es un plato popular coreano, consiste en un tipo de pasta de arroz (*Tteok* o 떡) bañada en una salsa picante. (N. de la t.)

gracioso verme así, era casi patético. A veces podía reír, así que mi depresión no era muy grave, pero tampoco era feliz; sentía que flotaba en un espacio indefinido y confuso. Lo que me atormentaba más era el hecho de no saber que unos sentimientos tan contradictorios como estos podían coexistir en mi interior.

¿Por qué no podemos mostrar cómo nos sentimos, qué sentimos? ¿Será porque estamos tan destruidos que ni siquiera nos quedan fuerzas para preguntarnos qué nos pasa?

Siempre he sentido una sed que me empujaba a buscar personas similares a mí. Así que, en lugar de deambular, perdida en la búsqueda de estas personas, decidí que yo iba a convertirme en alguien que ellos pudieran encontrar; decidí alzar mi voz. Esperaba que alguien se reconociera en mí, que se acercara y pudiéramos encontrar consuelo en la existencia del uno y del otro.

Este libro recoge la terapia que recibí por distimia o trastorno depresivo persistente (en lugar de sufrir episodios graves de depresión, me encontraba en un estado constante de desánimo y melancolía). Es un libro muy personal, y a veces lleno de detalles sucios y vergonzosos de mi vida, pero he intentado hacer de esto algo más que un vertedero para mis emociones negativas. Analizo momentos y situaciones específicas de mi vida, busco las posibles causas de mis sentimientos para poder avanzar de una forma más saludable.

Me pregunto por las personas como yo, las que parecen estar bien por fuera, pero están podridas por dentro. El mundo solo entiende lo excesivamente brillante o lo excesivamente oscuro. Muchas personas a mi alrededor nunca han podido comprender mi estado. ¿Cómo tengo que estar?

¿Qué me tiene que pasar para que lo puedan llegar a entender? ¿Qué imagen tengo que dar, qué gesto tengo que hacer para que lo comprendan? O tal vez una mejor pregunta sería: ¿es la depresión algo que se pueda llegar a entender?

Dentro de lo posible, mi deseo es que al leer este libro alguien pueda pensar: «Ah... no era la única persona que se sentía así» o «Veo que hay más gente que vive como yo».

Siempre he pensado que el arte consiste en agitar corazones y mentes. El arte me ha dado fe; fe de que, aunque hoy no sea un día perfecto, puede ser un día aceptable; fe de que después de estar deprimida durante todo el día, aún puedo reír ante algo pequeño e insignificante. Además, he comprendido que mostrar mi oscuridad es tan natural como desvelar lo brillante en mi vida. Yo hago arte a mi manera. Espero que este libro pueda encontrar el camino para agitar corazones y mentes.

Semana 1
Solo estoy un poco triste

Escuchar voces, ver alucinaciones o autolesionarse no son los únicos indicios de estar sufriendo. De la misma forma que un resfriado leve puede hacer que nuestras gargantas duelan, una depresión leve puede dañar nuestras mentes.

Desde pequeña he sido tímida e introvertida. Tengo un recuerdo vago de mi infancia pero, a juzgar por mis diarios, no era una persona muy positiva. A menudo estaba muy deprimida. Cuando iba al instituto mi depresión se hizo más violenta; tan violenta que me impidió poder seguir estudiando e ir a la universidad.

Cuando afectó a mis planes de futuro comprendí que era más grave de lo que imaginaba, por primera vez pensé que estaba sufriendo de algún grado de depresión. Pero incluso cambiando todo lo que quería modificar de mi vida (mi peso, mis relaciones, mis amigos), seguía estando deprimida. Mi depresión no era continua, iba y venía. Un día estaba triste, pero al siguiente me levantaba contenta. Si estaba estresada me costaba comer, y si estaba triste lloraba constantemente. Pensaba que estar mal de vez en cuando formaba parte de mi personalidad. Poco a poco iba empeorando más y más.

El miedo y la ansiedad que sentía hacia mis relaciones personales crecieron, y el malestar ante situaciones nuevas empeoró. Aprendí a aparentar que todo iba bien, así que durante mucho tiempo pensé que no me pasaba nada grave e intenté seguir adelante. Pero hubo un momento en que todo empeoró, y decidí buscar ayuda. Estaba nerviosa y tenía miedo, pero traté de dejar a un lado todos mis pensamientos y entré en la consulta.

Psiquiatra: ¿En qué puedo ayudarte?

Yo: No sé cómo empezar; digamos que estoy un poco deprimida. ¿Tengo que entrar en detalle?

Psiquiatra: Te lo agradecería.

Yo: (Saco mi móvil y leo lo que tengo apuntado). Me comparo mucho con los demás, luego me castigo a mí misma. Creo que tengo baja autoestima.

Psiquiatra: ¿Has pensado en cuál puede ser el motivo para todo esto?

Yo: Creo que mi baja autoestima viene de mi entorno familiar. Cuando era pequeña mi madre siempre repetía, una y otra vez: «Somos pobres, no tenemos nada de dinero». En mi casa éramos cinco y vivíamos en un apartamento con una habitación. Justo en nuestro barrio había un edificio con el mismo nombre que el nuestro y con apartamentos mucho más grandes. Un día la madre de una amiga me preguntó que dónde vivía, si en el edificio grande o en el pequeño; me avergoncé de dónde vivíamos. Desde ese momento vacilé al responder a la pregunta.

Psiquiatra: ¿Hay algo más que recuerdes?

Yo: Sí, recuerdo muchas cosas. Es un poco cliché, pero mi padre le pegaba a mi madre. Ahora le llaman violencia doméstica, pero es simplemente violencia. Cuando pienso en mi infancia, mis recuerdos están llenos de cómo mi padre nos pegaba a mi madre, a mis hermanas y a mí; de cómo destrozaba el apartamento y se iba de casa de madrugada. Recuerdo que llorábamos hasta que nos dormíamos, y después por la mañana mirábamos a nuestras espaldas el desastre que había dejado mientras salíamos por la puerta para ir al colegio.

Psiquiatra: ¿Cómo te hacía sentir todo esto?

Yo: ¿Miserable? ¿Triste? Sentía que mi familia guardaba secretos que nunca podían salir de casa; secretos que, con el tiempo, se hacían más y más grandes. Sentía la obligación de esconderlos. Mi hermana mayor se aseguraba de que yo nunca hablara de lo que pasaba en casa, y yo me aseguraba de que mi hermana pequeña tampoco dijera nada. Todo lo que ocurrió ha hecho que tenga problemas conmigo misma, pero ahora pienso que mi relación con mi hermana mayor también tuvo mucha importancia.

Psiquiatra: ¿La relación con tu hermana mayor?

Yo: Sí. El amor, el afecto de mi hermana siempre fue condicional. Si yo ganaba peso, no estudiaba o no trabajaba de la manera que ella creía que tenía que trabajar, me humillaba y me despreciaba. Tenemos bastante diferencia de edad, así que lo que ella decía era siempre lo correcto. Económicamente sentía que también estaba atada a ella: nos compraba ropa, zapatos, mochilas... Pero todo lo que compraba después lo usaba para manipularnos; decía que nos lo quitaría todo si la desafiábamos, si no la escuchábamos o no la obedecíamos.

Psiquiatra: ¿Alguna vez quisiste escapar de todo esto?

Yo: Claro. Ahora lo pienso y creo que mi relación con ella era un poco abusiva. Mi hermana siempre ha sido muy contradictoria. Yo puedo, pero tú no. Yo puedo pasar la noche fuera, pero tú no. Yo puedo llevar esta ropa, pero tú no. Era algo así. Teníamos una relación amor-odio; la odiaba, pero al mismo tiempo me atemorizaba que se enfadara conmigo y me abandonara.

Psiquiatra: ¿Alguna vez has intentado distanciarte de ella?

Yo: Sí, he hecho algunos intentos. Cuando cumplí la mayoría de edad decidí buscarme un trabajo a tiempo parcial; decidí independizarme de ella al menos en el aspecto económico. Siempre estaba trabajando, durante la semana y los fines de semana; de esta manera, poco a poco, conseguí ser independiente económicamente.

Psiquiatra: ¿Y emocionalmente?

Yo: Eso fue mucho más difícil. A mi hermana solo le gustaba estar conmigo o con su novio. Ahora lo pienso y es obvio, éramos los únicos que la aguantábamos, los únicos dispuestos a escucharla. Recuerdo una vez que dijo que no le gustaba estar con otras personas, que estar conmigo era lo más cómodo y divertido. Eso me molestó, y por primera vez le dije lo que pensaba, que no estaba cómoda con ella, que me hacía sentir incómoda.

Psiquiatra: ¿Cómo reaccionó?

Yo: Creo que no se lo esperaba. Aparentemente estuvo días llorando todas las noches. Incluso ahora, si sale el tema, se le ponen los ojos rojos.

Psiquiatra: ¿Cómo te sentiste al ver su reacción?

Yo: Me entristeció un poco, aunque también me alivió. Sentí que me liberaba de algo.

Psiquiatra: ¿Crees que tu autoestima mejoró después de romper con esta relación?

Yo: A veces tenía más confianza en mí misma, pero la tendencia a estar deprimida seguía como siempre. Creo que la dependencia que sentía hacia mi hermana mayor pasé a sentirla hacia mis parejas.

Psiquiatra: ¿Cómo tiendes a ser en tus relaciones? ¿Tiendes a acercarte a alguien que te gusta o esperas a que se acerquen ellos?

Yo: Nunca me acerco yo. Cuando me gusta alguien siento que piensan que soy fácil, así que nunca muestro que estoy interesada. Nunca he flirteado con nadie. En mis relaciones tiendo a ser más pasiva. Si le gusto a alguien, quedo con él unas cuantas veces, y si veo que surge interés, decidimos hacerlo oficial.

Psiquiatra: ¿Alguna vez has decidido no hacerlo oficial?

Yo: No, casi siempre se convierte en algo oficial. Cuando empiezo a conocer a alguien tiende a ser para tener una relación estable, lo que con el tiempo me hace depender mucho de él. Mis parejas acostumbran a cuidar de mí. Pero incluso cuando me siento querida y cuidada, siempre hay algo que me molesta, que me ahoga. No quiero depender de nadie. Quiero ser una persona más independiente, más autosuficiente, quiero estar más cómoda estando sola; pero siempre pienso que eso para mí es imposible.

Psiquiatra: ¿Y qué hay de tus amistades?

Yo: Cuando era pequeña, como la mayoría de los niños, consideraba que las amistades eran muy importantes; pero en primaria y en el instituto sufrí de acoso escolar. Esto hizo que en bachillerato empezara a tenerles miedo a las relaciones de amistad en general; pero también temía quedarme aparte, aislada. Este miedo se trasladó a mis relaciones románticas. Con el tiempo decidí no esperar mucho de las amistades.

Psiquiatra: ¿Y qué hay de tu trabajo? ¿Estás satisfecha con lo que haces?

Yo: Sí. Trabajo en el sector de *marketing* de una editorial, manejo las redes sociales de la compañía. Creo contenido y superviso el ritmo de crecimiento de las cuentas, cosas así. Me gusta y creo que soy buena en mi trabajo.

Psiquiatra: ¿Entonces tienes buenos resultados?

Yo: Sí, lo que me hace trabajar más. A veces esto me provoca ansiedad, siempre pienso que tengo que tener mejores resultados.

Psiquiatra: Gracias por ser tan honesta y detallada. Tendremos que investigar más, pero de momento parece que tienes una fuerte tendencia a ser dependiente. Los extremos opuestos de las emociones tienden a estar unidos, lo que hace que a medida que tu dependencia aumenta, no quieras depender de nadie. Un ejemplo de esto son tus relaciones sentimentales; cuando dependes de tu pareja sientes seguridad, pero al mismo tiempo empiezas a sentirte insatisfecha. Cuando dejas la relación, obtienes una sensación de libertad, pero pronto pasas a sentir un vacío que se acumula en tu interior. Es posible que también seas dependiente a tu trabajo. Cuando obtienes buenos resultados, tu buen trabajo es reconocido por los demás y te relajas. El problema viene cuando adviertes que este estado de relajación es efímero. Es como si estuvieras rodando dentro de una rueda como un hámster. Intentas liberarte de tu depresión, pero fallas, lo vuelves a intentar y vuelves a fallar. Esta rueda continua de prueba y error es lo que alimenta tu depresión.

Yo: Ah… (Estas palabras me consuelan y siento que puedo ver más claramente lo que me pasa).

Psiquiatra: Necesitas un desvío, algo que te aleje de esta rueda que alimenta tu depresión. Podría ayudarte hacer algo que nunca has creído posible para ti.

Yo: No sé muy bien qué podría hacer.

Psiquiatra: Puedes empezar a buscarlo ahora. No es necesario que sea algo muy significativo.

Yo: Y también muchas veces muestro una vida falsa en mis redes sociales. No es que finja ser feliz, pero siento que intento mostrar lo especial que soy subiendo fotos de libros, paisajes o fragmentos de algún escrito que me haya hecho reflexionar. Es como si quisiera decir: «Si me conocieras, verías que soy una persona interesante y profunda». Además, tiendo a juzgar a la gente. ¿Quién soy yo para juzgar? Es raro.

Psiquiatra: Por lo que comentas, da la sensación de que te quisieras convertir en un robot. En alguien con estándares absolutos, completamente correcto en todo momento.

Yo: Eso parece, aunque es imposible convertirse en alguien así.

Psiquiatra: Esta semana te voy a dar un formulario (quinientas preguntas sobre personalidad, síntomas y comportamiento); si es posible, tráelo para la semana que viene. Para la próxima sesión, intenta pensar en algún desvío que creas que te pueda ayudar.

Yo: Vale, lo intentaré.

(Una semana después).

Psiquiatra: ¿Cómo estás?

Yo: Estuve deprimida hasta el día de antes de *Hyunchungil**, pero después mejoré. Hay algo de lo que no hablé en la sesión anterior, dijiste que parecía que me quisiera convertir en un robot. Desde que empecé a ser tan exigente conmigo misma, tengo la obsesión de no molestar a los demás, y muchas veces yo misma me hago sentir incómoda. Por ejemplo, cuando veo a alguien hablar por teléfono en voz muy alta en el autobús y observo las expresiones de incomodidad de la gente a mi alrededor, me enfado muchísimo y lo único que puedo hacer es pensar en la forma de estrangularlo. Nunca lo haría, pero lo pienso.

---

* En el Día de los Caídos por la Patria (**현충일**) se conmemora a todos aquellos soldados y civiles que perdieron la vida intentando defender la soberanía de Corea. (N. de la t.)

25

Psiquiatra: Debes sentirte culpable de pensar así.

Yo: Sí, bastante. Solo en contadas ocasiones puedo pedirles una o dos veces que por favor guarden silencio. Pero cuando me ignoran sucesivamente, me cuesta mucho volver a repetirlo. En el trabajo también me pasa, el sonido de los teclados me pone muy nerviosa y no me deja concentrarme. Una vez le pedí a un compañero que por favor intentara no hacer tanto ruido. Me sentí mejor después de decirlo.

Psiquiatra: Creo que no hay persona que se sienta tan culpable de no poder decir algo como tú. Más bien parece que te preguntas qué puedes hacer para molestarte a ti misma. A la mayoría nos cuesta bastante decir algo en situaciones así, pero la presión que te autoimpones obligándote a quejarte hace que te critiques a ti misma, aunque ya hayas dicho algo al menos una vez de entre diez.

Yo: Yo quiero ser capaz de decir algo las diez veces.

Psiquiatra: ¿Crees que quejarte las diez veces te haría feliz? Aunque pudieras hablar las diez veces, no creo que de repente pensaras: «Ya estoy bien, ya estoy cómoda». La reacción de las personas no va a ser la misma. Incluso aunque sepas que la otra persona está haciendo algo mal, al señalarlo te estás haciendo responsable de corregir su comportamiento. A veces ignorar a las personas que parece que no te van a escuchar puede ser la mejor decisión para ti misma. Es imposible corregir a todo el mundo. Eres una sola persona, un solo cuerpo, ¿no crees que te estás exigiendo demasiado?

Yo: ¿Por qué soy así?

Psiquiatra: ¿Tal vez porque eres amable? ¿Buena persona?

Yo: (No estoy de acuerdo). Recuerdo una vez que intenté tirar un papel en la calle y hablar en voz alta por teléfono en el autobús, pero no me entusiasmó mucho. Aunque sí me sentí un poco liberada.

Psiquiatra: Si no te hace sentir bien, no lo hagas.

Yo: Soy consciente de que las personas son complicadas, y de que tienen sus razones para hacer lo que hacen y ser como son; pero a mí me cuesta aceptarlo.

Psiquiatra: Si se juzga a alguien de una manera simple, eventualmente esa perspectiva también puede ser aplicada a nosotros mismos. Pero a veces está bien enfadarse. Cuando sientas que estás enfadada, puedes pensar en qué haría una persona que admiras en esa misma situación. ¿No crees que también se enfadaría? No lo aceptaría todo, ¿verdad? Si la respuesta es no, puede ser más fácil para ti mostrar tu enfado, aunque el resto piense que eres demasiado sensible. Creo que tiendes a considerar únicamente lo que juzgas como ideal. Parece que pienses: «Tengo que ser este tipo de persona». Y muchas veces la imagen de la persona que consideras ideal es la imagen de otro, no es una imagen construida a partir de tus propios pensamientos y experiencias.

Pero, como has dicho antes, las personas somos complicadas. A veces alguien que parece perfecto si lo ves de frente, por detrás puede estar haciendo algo despreciable, o alguien que has puesto en un pedestal, puede decepcionarte en cualquier momento. En lugar de desilusionarte, puedes pensar: «Son personas de carne y hueso, respiran igual que yo». Pensar así puede hacer que seas más generosa contigo misma.

Yo: Siempre he creído que soy débil, y que los demás pueden percibir mi debilidad. Siento que, aunque intente decir algo de manera intimidante, son capaces de ver a través de mí. Tengo miedo de que la gente piense que soy patética.

Psiquiatra: Ese sentimiento puede ser provocado por la ansiedad. Cuando dices algo, automáticamente piensas: «¿Qué pensará esta persona? ¿Me abandonará?». Esto te pone nerviosa. Hablar con alguien te puede ayudar, aunque antes debes aceptar que puede haber diferentes reacciones a la misma conversación.

Yo: Lo intentaré. En la sesión anterior me dijiste que intentara probar hacer algo nuevo, que intentara encontrar un desvío; decidí hacerme una permanente. Me gusta cómo me queda, y en la empresa mis compañeros me dijeron que me favorece mucho, así que me alegré. Ah, y también recuerdo que en la sesión anterior me preguntaste sobre cómo mis amigos dicen que mi punto fuerte es la empatía, ¿te acuerdas?

Psiquiatra: ¿Sientes mucha empatía hacia otras personas?

Yo: Sí, mucha. Tanta que a veces la escondo, pienso que puede ser algo pesado para los demás.

Psiquiatra: Estaría bien que no pensaras tanto en lo que la gente piensa sobre ti, puedes llegar a sentir que la imagen que piensas que otros tienen de ti es la única verdadera.

Cuando escuchas una y otra vez que eres empática, el ser empática pasa a ser un atributo de ti misma, y a la vez puede llegar a convertirse en una tarea, en algo que estás obligada a hacer. Esto puede incluso hacer que tu habilidad para empatizar con los demás disminuya. A veces es bueno no pretender tener interés en cosas que realmente no te interesan, por mucho que los demás crean que te deben interesar.

Si miramos los resultados del formulario que te di la semana pasada, pareces tener una tendencia a considerarte peor de lo que eres (conocido como *faking bad* en inglés). Este patrón normalmente aparece en gente que, por ejemplo, cree que es incapaz de ir a trabajar, o de ir al colegio. Es la tendencia a mostrarse a sí mismo o a una determinada situación peor de lo que verdaderamente es.

Lo contrario a este diagnóstico es lo que se conoce como *faking good*, y normalmente se advierte, por ejemplo, en los presos. Intentan aparentar que ya están bien, que han mejorado. Los resultados indican que tienes más ansiedad y pensamientos obsesivos antes que una depresión. Tu ansiedad es especialmente grave en las relaciones sociales.

También parece que tiendes a ser más pasiva en la forma de ver a las mujeres. El pensamiento de «Soy una mujer, así que mi rol social es este y esto es todo lo que puedo llegar a ser» es bastante recurrente. No estoy hablando de tu carácter, es más bien el estado actual de la mujer en la sociedad.

Estos son los resultados más destacados: tienes una ansiedad considerable y te es difícil sociabilizar. También tiendes a pensar que eres mucho peor de lo que verdaderamente eres. Sientes que eres demasiado sensible, que a menudo estás demasiado deprimida. Experimentas tu condición como inusual, rara.

Yo: Creo que todo lo que has dicho se ajusta bastante a como me siento. Pero si por ejemplo pienso que soy normal, me incomodo aún más. ¿Por qué soy tan diferente?

Psiquiatra: Desde la sesión anterior, ¿has investigado sobre la distimia?

Yo: Sí. No tengo todos los síntomas, pero en general sí que se ajusta bastante a mí. Después de leerlo todo me puse triste. Pensé en lo difícil que debía ser sufrir de esto en el pasado, cuando no existían ni tratamientos ni terapias psicológicas.

Psiquiatra: ¿Hay necesidad de pensar esto?

Yo: ¿Está mal?

Psiquiatra: No está ni bien ni mal, es simplemente peculiar. Cuando empiezas a preocuparte, a angustiarte, no hay nada que te detenga. Si en lugar de pensar en el pasado cambiaras tu perspectiva y te enfocaras en tu yo del presente, creo que podrías percibir tus experiencias de una forma mucho más positiva. Te puede ayudar pensar que, aunque antes no había una manera de llamarle a tu condición, a cómo te sientes, ahora sí. ¿No crees que es algo positivo?

Yo: Sí... ¿Por qué pienso tanto?

Psiquiatra: Es similar a lo que pasa con la culpa. Cuando piensas que quieres estrangular a alguien, automáticamente te sientes culpable; cuando estás enfadada, te señalas a ti misma como la culpable. Creo que, bajo la superficie, lo que verdaderamente hay es un deseo de castigarte. Da la impresión de que tu superego te controla, un superego construido a través de tus propias experiencias, pero también a través de los elementos que admiras en otras personas, creando una versión idealizada de ti misma. Pero tienes que recordar que esta versión es idealizada, no es completamente tú. Siempre intentas ser fiel a esta versión, y cuando fallas, te castigas. Es una rueda continua.

Si tienes un superego estricto, castigarte a ti misma se puede llegar a convertir en algo gratificante. Por ejemplo, cuando alguien te quiere, puedes sospechar de ese amor, puedes llegar a desconfiar tanto que algunas veces haces todo lo posible para que tu pareja se aleje de ti. Cuando lo consigues, en lugar de sentirte triste, te sientes aliviada. Con el tiempo te controlan más las fuerzas externas, las fuerzas imaginarias, que tú misma.

Yo: Ah… A veces también me gusta estar sola, pero al mismo tiempo lo odio. Es muy contradictorio.

Psiquiatra: ¿No crees que eso es algo normal?

Yo: ¿Normal?

Psiquiatra: Sí, la intensidad del sentimiento puede variar de persona en persona, ¿pero no crees que es algo que todos sentimos? Necesitamos vivir en sociedad, estar en contacto con otras personas, pero también necesitamos nuestro tiempo, nuestro espacio. No hay más remedio que aceptar la coexistencia de esta contradicción.

Yo: ¿Crees que tengo poca autoestima?

Psiquiatra: Creo que en muchas ocasiones los extremos tienden a estar conectados. Por ejemplo, hay personas que pueden parecer muy orgullosas, pero en realidad tienen baja autoestima; siempre intentan que los otros las admiren. Al contrario, una persona que esté contenta consigo misma, que tenga autoestima, por mucho que la gente hable bien o mal de ella, no le afectará mucho.

Yo: (En resumen, que tengo poca autoestima). Cuando pienso en todo lo que he hecho, por muy notable que sea, siento que pierde importancia, que es patético.

Psiquiatra: Puede que pienses así porque sientes que todo lo que has hecho, en lugar de hacerlo porque quieres, lo has hecho porque te has sentido obligada a hacerlo, obedeciendo a estándares que tu misma has inventado.

Yo: También tengo una obsesión con mi apariencia. Hubo un tiempo que no podía salir a la calle sin maquillaje. Incluso pensaba que nadie me miraría si ganaba peso.

Psiquiatra: No es por tu apariencia que tienes esta obsesión, es más bien porque has construido una versión idealizada de ti misma muy específica e inalcanzable. Por ejemplo, bajo estos estándares puedes llegar a pensar: «Si peso más de cincuenta kilos soy un fracaso». Lo único que puedes hacer es ir probando cosas nuevas, poco a poco, hasta que descubras qué es lo que quieres, hasta qué punto estás cómoda con el cambio. Una vez que descubras tus gustos y nuevas maneras para reducir la ansiedad, podrás sentirte más satisfecha. Podrás aceptar o rechazar lo que otros digan de ti.

Yo: A veces como en exceso, ¿esto también tiene relevancia?

Psiquiatra: Sí. Es natural que recurras a lo más primitivo cuando no estés satisfecha contigo misma. Comer y dormir es lo más instintivo en el ser humano. Intentas encontrar la satisfacción que te falta en tu vida en lo más cómodo, en lo que está más cerca. Pero la satisfacción que obtienes al comer no dura mucho tiempo. En esta situación te puede ayudar hacer deporte o planear proyectos. Es decir, marcarte un objetivo a largo plazo.

Yo: Intentaré retomar el ejercicio.

EL DILEMA DEL ERIZO

«Creo que en muchas ocasiones los extremos tienden a estar conectados. Por ejemplo, hay personas que pueden parecer muy orgullosas, pero en realidad tienen baja autoestima; siempre intentan que los otros las admiren».

La contradicción de anhelar intimidad con otra persona, pero al mismo tiempo querer mantener un mínimo de distancia es lo que en psicología se conoce como el «dilema del erizo». Siempre he querido estar sola, pero a la vez lo he odiado; dicen que es porque tiendo a depender demasiado de los demás. Creo que la dependencia me aporta estabilidad, pero con el tiempo voy acumulando resentimiento hacia la otra persona. Cuando me alejo me siento libre, aunque la sensación de libertad no dura mucho; pronto paso a tener ansiedad y a sentirme vacía. En todas mis relaciones tiendo a aferrarme a mi pareja, pero también a tratarla mal. Cuanto más recibo, más me canso de mis relaciones; odio sentirme así. Mi comportamiento cambia constantemente. Puedo tratar muy mal a mi pareja, pero si intenta tranquilizarme diciéndome lo mucho que le gusto, si reconoce que tengo razón en algo, rectifico mi comportamiento y vuelvo a ser afectuosa y cariñosa. La seguridad de una relación, la estabilidad de algo me convierte cada vez más y más en una cobarde. Quizás por eso me veo incapacitada, por ejemplo, a dejar mi trabajo; aunque también puede ser que sea simplemente porque he estado viviendo así toda la vida. La pregunta importante no es si esta manera de vivir está bien o mal, es más bien si es saludable o no para mí. Racionalmente conozco la respuesta, pero es difícil actuar. Tiendo a ser muy dura conmigo misma, necesito un consuelo, alguien que esté a mi lado.

Semana 2
¿Soy una mentirosa patológica?

De vez en cuando mentía. Me es difícil recordar todo lo que dije, pero si escribo lo que me viene a la cabeza, pienso en cuando era una becaria y estábamos comiendo con mi superior y otros compañeros. Salió el tema de los viajes y mi superior me preguntó en qué países había estado. En ese momento yo no había hecho ningún viaje al extranjero y me avergonzaba de ello, así que mentí y dije que había ido a Japón. Recuerdo que durante toda la comida tuve miedo a que mi superior me preguntara más detalles sobre mi viaje.

Creo que tengo mucha empatía, se me da bien ponerme en el lugar de los demás. El ser empática, con el tiempo, se ha convertido en una obsesión; recuerdo que muchas veces me lo autoimponía, era un deber. Cuando alguien me contaba algo, me veía en la necesidad de mentir y decir que tenía una experiencia similar. A veces mentía para que la gente se riera o para poder ser el centro de atención, pero al mismo tiempo me ahogaba en mi propio remordimiento, me sentía muy culpable.

No eran grandes mentiras, eran más bien mentiras pequeñas, imperceptibles en el día a día, así que no me preocupaba por si la gente se daba cuenta de que estaba mintiendo o no. Me sentía culpable, de manera que me prometí a mí misma dejar de decir tantas mentiras, por muy pequeñas que fueran. Pero un día quedé con una amiga para ir a cenar y me emborraché, finalmente acabé mintiendo otra vez. Esa mentira fue tan desagradable que ni siquiera puedo hablar de ella. Ahora tengo la sensación de que todos mis esfuerzos no han servido para nada.

Psiquiatra: ¿Cómo estás?

Yo: No muy bien. Nada bien. Estuve muy mal hasta el jueves, después el viernes y el sábado mejoré. Supongo que te lo tendría que contar todo para que la terapia funcione, ¿verdad?

Psiquiatra: Solo si te sientes cómoda. También me lo puedes contar más adelante si así lo prefieres.

Yo: ¿Crees que algún día podré reducir los estándares idealizados que tengo sobre mí? Los estándares inalcanzables de los que hablamos en la sesión anterior.

Psiquiatra: Si consigues tener más autoestima, sí. Cuando pase eso, puede que a lo mejor ya no te interese buscar la perfección o perseguir ningún ideal.

Yo: ¿Crees que algún día podré tener suficiente autoestima?

Psiquiatra: Tal vez.

Yo: Siento que siempre busco la atención de los demás, y para conseguirla, muchas veces recurro a la mentira. Cuando cuento algo y quiero que la otra persona se ría tiendo a exagerar, y cuando quiero hacerme la simpática, tiendo a decir cosas como: «Yo también he pasado por algo parecido». Después me arrepiento mucho, siempre. Así que decidí no volver a mentir, aunque fuera una mentira muy pequeña; me sentía más cómoda así. Pero el viernes pasado, después de nuestra sesión, quedé con una amiga para cenar y acabé emborrachándome. Esa noche volví a mentir.

Psiquiatra: ¿Mentiste porque querías hacerte la simpática con ella?

Yo: No, creo que simplemente quería que me prestara más atención. El asunto de la conversación no era para despertar la simpatía de nadie.

Psiquiatra: ¿Crees que de no haberte emborrachado no hubieras mentido?

Yo: Así es, nunca hubiera dicho lo que dije.

Psiquiatra: Entonces simplemente lo dijiste porque estabas borracha.

Yo: (Sorprendida). ¿Es solo eso? ¿No es patológico?

Psiquiatra: No, para nada. En muchas ocasiones tendemos a mentir cuando nuestras habilidades cognitivas no funcionan con normalidad. Por ejemplo, cuando nos emborrachamos, nuestros recuerdos, nuestra habilidad para juzgar no es la misma, ¿verdad? Para compensar este vacío, subconscientemente tendemos a mentir. Esto se ve muy claro cuando los borrachos insisten en que no están borrachos; o cuando comienzan a hablar de cosas que no tienen relación entre sí.

Yo: Entonces, ¿estoy bien?

Psiquiatra: Sí. Cuando nos emborrachamos, perdemos el control de lo que decimos y de lo que hacemos. A esto le llamamos desinhibición. El alcohol y las drogas provocan la desinhibición, así que cuando tomamos estas sustancias tendemos a actuar compulsivamente, y hacemos cosas que en situaciones normales no haríamos. No es necesario que te sientas tan culpable, con que te sientas mal un día ya va bien. Simplemente piensa: «La próxima vez no beberé tanto».

Yo: Ahora que lo pienso, últimamente no me siento tan culpable después de beber, al menos no tanto como antes.

Psiquiatra: No te culpes a ti misma, culpa al alcohol. Lo has dicho tú misma, que si no hubiera sido por el alcohol, no lo hubieras dicho. Es algo que dijiste porque estabas borracha.

Yo: Pero eso es ser una mentirosa patológica, ¿verdad?

Psiquiatra: No, eso es simplemente estar borracha.

Yo: Envidio muchísimo a la gente que no dice estupideces cuando está borracha.

Psiquiatra: ¿Verdaderamente crees que existe alguien así? Supongo que habrá personas que, por ejemplo, se duermen. En esos casos lo que pasa es que el alcohol llega al núcleo ventrolateral preóptico antes que a otras partes del cerebro, lo que hace que la persona en cuestión se duerma casi automáticamente; pero si no fuera así, también dirían estupideces. Y los que bebiendo la misma cantidad parecen estar bien, simplemente tienen una alta tolerancia al alcohol.

Yo: Ah... También recuerdo que la semana pasada me comentaste que la razón por la que quería ser una persona justa, por la que quería poder ser capaz de decir lo que me molestaba a mí y a otros en todo momento, es porque soy amable. Lo he pensado mejor, y creo que esa no es la razón; creo que quiero ser justa simplemente porque no soy justa.

Psiquiatra: Presta atención a lo que has dicho, ya te has definido como una persona que no es justa. Si te juzgas con estándares tan absolutos, siempre te verás como alguien con carencias; te acabas juzgando como alguien que necesita mejorar indefinidamente. Lo que comentas de estar borracha es un ejemplo: bebemos precisamente para estar borrachos, pero tú envidias a la gente que bebe y no se emborracha. Consideras el hecho de beber y no emborracharse como algo positivo, aunque no sea algo habitual; pero después te culpas a ti misma por beber y emborracharte.

Yo: Parece algo muy simple cuando lo explicas así. Esta semana quería dejar mi trabajo, estaba muy estresada. El miércoles fuimos a tomar algo con mis compañeros. Mi posición en la empresa es buena, se podría decir que mejor que la de mis compañeros, incluso me cae bien mi superior. La salida pronto se convirtió en una ocasión para que ellos hablaran, para que se quejaran de sus posiciones, de las condiciones en las que estaban trabajando, y yo escuchara. Pero yo también tengo problemas, yo también tengo cosas de las que quiero hablar. Y me encontraba allí sentada, callada y escuchando, asintiendo. Parece que todos tienen una vida más dura, problemas más grandes; esto también me pasa con amigos o gente fuera de la empresa. Sentí que era injusto, injusto porque yo no podía decir nada. No tengo a nadie con quien hablar.

Psiquiatra: Parece que te enfadaste un poco. ¿Crees que puedes hacer algo para sentirte mejor?

Yo: He pensado en hablar con mi jefa, nos llevamos bien y tenemos bastante confianza. Pero el día que pensé en comentarle mi situación, estaba atascada en una tarea que me mandó hacer, estuve todo el día intentándolo y finalmente por la tarde le pedí ayuda. Lo resolvió en un momento y le estuve tan agradecida que no le comenté nada. Sé que ella tampoco está pasando por el mejor momento.

Psiquiatra: ¿Cómo sabes que los otros están pasando por un mal momento?

Yo: (De repente me doy cuenta). Tienes razón, ¿no sería más normal que no lo supiera?

Psiquiatra: Di que lo estás pasando mal, quéjate.

Yo: No sé qué decir.

Psiquiatra: Puedes aprender de los demás. Ellos dicen que están pasando por un mal momento, es de esta forma que tú sabes que ellos están pasando por un mal momento, ¿verdad? Pero tú pareces ser el tipo de persona que le pregunta si está bien a alguien que está perfectamente.

Yo: (Comienzo a llorar). ¿Crees que finjo ser amable? ¿Que soy falsa?

Psiquiatra: Eres amable, es algo que no puedes remediar. Simplemente eres así.

Yo: Pero no es ser amable, es simplemente ser patética.

Psiquiatra: Por lo que comentas, el estar mejor considerada que tus compañeros, el tener mejores condiciones en la empresa te está obligando a no poder hablar de tus problemas. En todos los sitios hay personas que están pasando por un mal momento; pero cuando tú te das cuenta de eso, parece que quisieras castigarte a ti misma y piensas: «¿Cómo no pude darme cuenta?». Estás más pendiente de cómo están los demás que de ti misma.

Está bien tener interés en los demás e intentar ayudar a la gente que lo necesita, pero creo que te iría bien centrarte en ti misma un poco más, analizar cómo te sientes. Puedes hablar con amigos; incluso con tus compañeros, puedes decir algo como: «Es cierto que estoy mejor que vosotros en ciertos aspectos, pero últimamente también lo estoy pasando un poco mal». Comenzar a hablar así puede hacer que tanto tú como tus compañeros os sintáis más cómodos.

Yo: Nunca he hablado así con nadie de mi empresa. No es que no muestre mis emociones; de hecho, muchas veces no puedo ocultarlas. Recuerdo el jueves, cuando quería dejar el trabajo; todo el que me mirara podía ver que me pasaba algo. Eso hace que la gente no se acerque a mí, que no me hable.

Psiquiatra: Tal vez simplemente pensaban que tenías un mal día. Debes hacer un esfuerzo para conocerte a ti misma. No puedes no hacer este esfuerzo y seguir pensando: «¿Por qué soy así?».

Yo: ¿Crees que no me conozco muy bien?

Psiquiatra: Creo que no estás muy interesada en ti misma.

Yo: Pero siempre escribo en mi diario.

Psiquiatra: Eso es más bien tener un registro de ti misma en tercera persona. Cuando estás pasando por un mal momento, es normal pensar que eres la persona que peor lo está pasando, no es egoísta. Que tengas mejores condiciones en ciertos aspectos de tu vida no significa que debas estar perfectamente bien. Lo mismo pasa cuando consigues el trabajo que quieres, o accedes a la universidad con la que soñabas. Al principio todo puede parecer ideal, pero cuando caes en la monotonía, empiezan a surgir problemas. ¿No crees que es un poco difícil estar totalmente satisfecha desde el principio hasta el final?

Otras personas, por ejemplo, tus compañeros, te pueden envidiar, pero eso no quiere decir que tú automáticamente debas estar completamente satisfecha con todos los aspectos de tu vida. No es necesario que te tortures con preguntas como: «¿Por qué no estoy satisfecha con lo que tengo?». Estar siempre contento, por mucho que se tenga, es bastante imposible.

Yo: Ya, puede ser. El miércoles me alegré de salir con mis compañeros a tomar algo, pero era una felicidad a medias. Es como si alguien tuviera que decir «¡Ayer fue muy divertido!» para que yo me lo pueda llegar a creer. Si nadie dice nada, pienso cosas como: «¿Soy aburrida?» o «Yo me lo pasé bien, ¿pero para ellos fue pesado?».

Psiquiatra: Ser considerado hacia los demás no es necesariamente algo negativo, pero puede llegar a ser un problema cuando se convierte en una obligación, en una obsesión. Por todo lo que comentas, creo que estás empezando a obsesionarte un poco.

Yo: Tienes razón. También quería hablar sobre las pastillas que me recetaste: creo que están funcionando. Antes me costaba muchísimo dormirme, pero ahora me duermo a la hora que quiero.

Psiquiatra: ¿Sigues despertándote por la noche?

Yo: Sí, unas dos veces: la primera alrededor de las cuatro, la segunda a eso de las cinco.

Psiquiatra: Mantener el móvil lejos mientras duermes puede ayudarte. No marca mucha diferencia si lo miras por la noche o por la mañana, ¿verdad? Intenta dejar para mañana lo que puedas dejar para mañana. Te puede beneficiar establecer un orden de prioridades.

Yo: El viernes, antes de tomarme la medicación de la mañana, estaba muy angustiada y no podía trabajar, se me hacía muy difícil concentrarme en algo. Cuando me tomé la medicación mejoré. Hoy por la mañana me ha pasado lo mismo, pero a las ocho me he tomado la pastilla y ahora estoy mucho mejor.

Psiquiatra: Puede que tengas algunos efectos secundarios de la media pastilla que te tomas por la noche. Mientras tomes la medicación de la mañana, no tendría que haber ningún problema.

Yo: ¿No me volveré adicta?

Psiquiatra: Lo que hace que alguien sea adicto a alguna sustancia no son precisamente las pastillas. Hay adictos que también reciben tratamiento aquí.

Yo: Sí que es verdad que cuando me tomo la medicación por la mañana me siento mucho mejor.

Psiquiatra: Intenta recordar eso, alargar la sensación de bienestar. A veces, aunque te sientas mejor, puedes llegar a tener ansiedad al pensar que las pastillas están dañando tu cuerpo. Es como cuando recibes un regalo, al principio estás contenta, pero después puedes angustiarte al pensar que debes devolverlo de alguna forma. Intenta disfrutar de tu estado ahora, del presente.

Yo: (Si fuera tan fácil, ¿qué hago aquí?).

Psiquiatra: Estás bien. Puede que digas cosas de las que te arrepientes cuando bebes, o que tengas algunos efectos secundarios de las pastillas, pero estás bien. Si te pasa lo último, puedes llamarme, insultarme o decirme todo lo que te apetezca.

Yo: (Me siento aliviada y tengo ganas de llorar. Qué vergüenza).

Psiquiatra: ¿Tienes planes para el fin de semana?

Yo: Iré a una tertulia sobre una película.

Psiquiatra: ¿Te apetece?

Yo: Sí, pero también me angustia un poco. Normalmente no me entusiasma mucho ir a tertulias. He estudiado Escritura Creativa y trabajo en una editorial, así que la gente tiene todo tipo de expectativas sobre mí. Tengo miedo a que pase lo mismo en la tertulia, a que la gente se sorprenda al descubrir que trabajo para una editorial.

Psiquiatra: ¿Por qué decidiste asistir a esta tertulia?

Yo: Tiendo a estar mucho en casa, así que el número de personas con las que quedo es muy limitado, siempre salgo o con amigos muy cercanos o con mi pareja. Tuve miedo de que mi juventud se me escurriese entre los dedos sin haber tenido buenas experiencias.

Psiquiatra: ¿Entonces decidiste apuntarte porque querías tener más experiencias?

Yo: Sí.

Psiquiatra: Eso es bueno. Normalmente, ¿intentas satisfacer las expectativas que otros tienen sobre ti? Por ejemplo, ¿intentas no defraudar a los demás cuando saben que has estudiado Escritura Creativa?

Yo: No.

Psiquiatra: Y fíjate que aun así la gente no te abandona, no se aleja de ti. Estoy seguro de que habrá personas que, al conocerte, se asombrarán o se decepcionarán; pero estaría bien que, en lugar de reflexionar sobre lo que otros pueden llegar a pensar sobre ti, te centraras en preguntarte por qué has decidido asistir a esta tertulia.

Yo: La película que han seleccionado no es de mi gusto; no tengo mucho que decir. ¿Pasa algo si no digo nada?

Psiquiatra: Claro que no pasa nada, simplemente puedes decir: «No me ha gustado mucho».

Yo: Me da vergüenza decir eso.

Psiquiatra: Es tu opinión; no es ni correcta ni incorrecta. Es obvio que la gente puede tener sus expectativas, incluso tú misma puedes angustiarte al pensar: «He estudiado Escritura Creativa y trabajo en una editorial, debo decir algo interesante». Pero también puedes pensar: «Bueno, pienso esto. ¿Y qué?», te sentirás mucho mejor.

Yo: Sí, creo que pensar así me haría sentir mejor.

Psiquiatra: Siempre que vemos una película, ¿debemos reflexionar sobre su significado? Puede que lo que me haya gustado a mí no le haya gustado a nadie, y lo que le haya gustado a todo el mundo no me haya gustado a mí. Simplemente di lo que piensas, intenta que no te importe mucho lo que los otros perciban de ti, de tu opinión.

Yo: Intentaré pensar así.

Psiquiatra: Y también, no sería más divertido pensar: «¿Qué vamos a comer después? ¿Dónde vamos? ¿Quién se viene?».

Yo: Sí, puede ser.

HOY, COMO SIEMPRE, ESTOY EN EL PROCESO DE ESTAR MEJOR

«Cuando estás pasando por un mal momento, es normal pensar que eres la persona que peor lo está pasando, no es egoísta».

Me consuela estar en manos de un profesional. Es similar a cuando tenemos una herida; si un médico te dice que estás bien, que no te pasa nada, es mucho más reconfortante. Aunque piense que mi psiquiatra me ve como una persona que falsea su amabilidad, o como alguien frustrante, me tranquiliza.

En la tertulia hice lo que mi psiquiatra me recomendó: dije que la película no era de mi estilo y que no me había gustado. Después, al escuchar las grabaciones, sentí que hablé bien, segura de mí misma. Hasta ese momento solo habíamos tenido tres sesiones, y no sentía que mi situación hubiera cambiado mucho. Pero decidí pensar que estaba en el proceso de estar mejor. Cuando estaba en casa, sola, seguía sintiéndome pequeña e insignificante. Me comparaba con los demás y me criticaba a mí misma, pero la intensidad con la que lo hacía había disminuido considerablemente.

Una vez alguien me dijo que deberíamos ser capaces de escribir incluso los días en que todo parece ir bien; me pregunto si es necesario practicar para hacer eso. Siempre escribo solo cuando hace mal tiempo, cuando me encuentro mal o cuando todo mi ser parece ahogarse en tonos negros, oscuros. También quiero escribir cuando las cosas me van bien. Odio estar llena de exceso, oscuridad y pesadez. Así que lo voy a intentar, escribir lo bueno.

Semana 3
Me vigilo constantemente

¿Cuándo comencé a autocensurarme? El otro día estaba leyendo *e-mails* antiguos y encontré uno de hace diez años. Dicen que cuando algo nos duele intentamos reprimir, esconder esa herida; me debe haber pasado algo similar, porque no recordaba nada de lo que decía el *e-mail*.

Desde que era pequeña tengo dermatitis atópica. En ese momento no era tan común como ahora, lo que hizo que los médicos lo consideraran una simple irritación de la piel. No recibí el diagnóstico hasta mucho más tarde.

La zona alrededor de los ojos y allí donde la piel de mis brazos y mis piernas forman pliegues siempre estaban secos y rojizos. A veces mis compañeros me decían: «¿Qué te pasa en la piel? Qué asco», y recuerdo que un chico que me gustaba me comparó con su abuela.

En quinto de primaria teníamos un festival de danza. Recuerdo que mi compañero no me quería coger de la mano, no me quería tocar, y seguía las instrucciones del profesor intentando mantener el máximo de distancia posible entre nosotros. Desde entonces empecé a avergonzarme. Sentí que era rara, que me parecía a una abuela, que me tenía que esconder.

En el instituto pasó algo similar. Mis amigos y yo formábamos parte de una comunidad *on-line* y alguien escribió una entrada anónima repleta de insultos hacia mí. Me resulta difícil recordar todo lo que ponía, pero era algo como: «Si le miras solo la cara no lo parece, pero está gorda», «Dúchate, tienes los codos negros». Me afectó mucho ser juzgada por mi apariencia de aquella forma tan cruel.

Este incidente desapareció por completo de mi mente, pero algo debió quedar en mi subconsciente; me aplicaba crema hidratante todos los días en los codos, me miraba obsesivamente en el espejo por si tenía algo en la nariz o en los dientes, siempre me preocupaba por cómo me veía ante los demás. Así ha sido hasta hoy: ahora grabo mi voz para oír cómo sueno. No hay nada que me asuste más que pensar en cómo alguien se ríe de mí mientras yo sufro.

Psiquiatra: ¿Cómo fue la tertulia de la semana pasada?

Yo: Bien.

Psiquiatra: ¿Hablaste mucho?

Yo: No. Dije que la película no me había gustado demasiado y cuando el moderador me preguntó que qué era lo que no me había gustado, dije que en el momento no sabría decirlo. Después de escuchar lo que el resto pensaba pude articular bien por qué no me había gustado. Escuché la grabación en casa y me di cuenta de que hablé mucho.

Psiquiatra: ¿Por qué lo grabaste?

Yo: Siempre grabo las reuniones importantes de trabajo y nuestras sesiones; lo hago para poder escuchar las grabaciones más tarde. Normalmente estoy muy tensa, lo que me dificulta recordar todo cuanto he dicho, aquello de lo que he hablado.

Psiquiatra: ¿Es verdaderamente necesario grabar todas estas interacciones con los demás?

Yo: Grabo nuestras sesiones para recordar todo lo que hemos hablado. En otras circunstancias grabo porque muchas veces me pongo bastante nerviosa, y cuando llego a casa, no recuerdo nada sobre la conversación que he tenido con alguien.

Psiquiatra: Es como si te mantuvieras vigilada en todo momento, ¿no crees? Cuando escuchas las grabaciones debes pensar: «¿Hablé bien?», «¿De qué hablé?». A veces va bien olvidarse de algunas cosas, debes estar muy cansada.

Yo: Hacer esto me alivia, pero al mismo tiempo me avergüenza. Cuando oigo las grabaciones y pienso que he hablado bien, me siento aliviada. Cuando pienso que he hablado mal, siento vergüenza.

Psiquiatra: Es algo que ya ha pasado, de vez en cuando hace bien olvidarse de lo que ya ha pasado.

Yo: Puede ser. Debo parecer un robot cuando hago esto, ¿verdad?

Psiquiatra: ¿Un robot?

Yo: Sí.

Psiquiatra: En nuestra sesión anterior, cuando comenté que parecías un robot, no quise decir nada significativo, pero parece que le estás atribuyendo un significado especial.

Yo: (Tiene razón, después de nuestra sesión anterior no podía dejar de pensar en el comentario). Sí, tienes razón. Tiendo a pensar mucho lo que la gente dice sobre mí. ¿Por qué crees que empecé a vigilarme tanto a mí misma?

Psiquiatra: Tal vez sea precisamente porque le das muchas vueltas a lo que la gente piensa sobre ti, o porque no estás satisfecha contigo misma. Tú eres tú, tu cuerpo es tu cuerpo y solo tú eres responsable de ti misma. Por lo que comentas, parece que no procesas las cosas que te pasan de un modo racional y que te vas directamente a los extremos. Vigilarse a uno mismo no es necesariamente algo negativo, pero la cuestión es qué haces con lo que aprendes; puedes hacer varias cosas, pero parece que tú solo eres capaz de pensar en una sola cosa, y es siempre la más extrema. Puede haber muchas causas para algo, pero por lo que comentas, tú solo puedes ver el efecto. Si estás triste o enfadada, solo te enfocas en eso y no piensas en las posibles causas, lo que hace que las emociones se amplifiquen aún más.

Yo: (Llorando). ¿Crees que nací así? ¿Tan extrema?

Psiquiatra: Pienso que la personalidad juega un gran papel, pero también es algo que se va adquiriendo con el tiempo.

Yo: Cuando hablo con mis hermanas me doy cuenta de que somos iguales, así que nunca podemos hablar de nuestras relaciones románticas entre nosotras. Las tres somos muy extremas e incapaces de llegar a una conclusión mínimamente racional. Me hace pensar que tal vez somos así desde que nacimos, o que quizá algo nos pasó a las tres cuando éramos pequeñas.

Psiquiatra: También puede ser que, como ahora lo ves todo desde los extremos, cuando piensas en tus hermanas lo único que pasa por tu cabeza es: «Somos completamente iguales» o «Somos completamente diferentes».

Yo: ¿Quieres decir que es simplemente mi perspectiva?

Psiquiatra: Exactamente.

Yo: ¿Soy tan extrema?

Psiquiatra: No es que seas «tan extrema», es simplemente que tienes una tendencia a eso. Creo que debes marcar unos límites claros entre el trabajo y el descanso. Si estás estresada en el trabajo, cuando vuelves a casa deberías poder descansar, pero en lugar de eso escuchas una y otra vez las grabaciones del día. Así, lo único que consigues es que tu espacio personal y tu espacio de trabajo se confundan entre sí, hecho que te puede llegar a angustiar.

Yo: En realidad, esta semana no ha pasado nada especial, pero me cuesta mucho dormir. Me despierto a eso de las cuatro y no puedo dormirme hasta las seis o las siete, así que normalmente me pongo una película. Es muy frustrante.

Psiquiatra: ¿Estás muy cansada durante el día?

Yo: Sorprendentemente no demasiado. Antes, cuando la gente me llamaba por mi nombre, tendía a enrojecerme mucho, pero esta semana no me ha pasado.

Psiquiatra: Más o menos, ¿cuántas horas duermes?

Yo: Normalmente entre cuatro y cinco horas. Duermo alrededor de cinco horas seguidas, después me despierto y voy durmiendo a intervalos de diez a veinte minutos.

De mi casa a la empresa hay unos cuarenta minutos andando. Es un paisaje muy bonito, y cuando voy caminando al trabajo me siento mucho mejor, me aclara la mente. Estar en casa sola me deprime bastante, me pone de muy mal humor. He pensado en la razón para esto, y creo que es porque tiendo a mirar las cuentas de Instagram de la gente que envidio. Me desanima muchísimo, hace que me sienta muy mal conmigo misma.

Psiquiatra: ¿Cómo son las personas que envidias?

Yo: Una de ellas es la jefa del departamento de redacción de una compañía a la que quería entrar, pero que no superé la entrevista. Es muy guapa y se viste bien, incluso sus empleados se ven bien a su lado. La envidio en muchos aspectos, la miro y pienso: «¿Quién soy yo a su lado?».

Psiquiatra: ¿Estás satisfecha con tu trabajo?

Yo: Sí, pero a veces me aburre un poco.

Psiquiatra: Todos tenemos a alguien a quien envidiamos, a quien nos queremos parecer. Pero envidiar a alguien y compararse constantemente con esa persona hasta infravalorarse a uno mismo son cosas diferentes. Por lo que comentas, parece que simplemente la estás idealizando un poco, de momento no es nada grave.

Yo: ¿Cuándo empezaría a ser algo grave?

Psiquiatra: Cuando se manifiesta en tu comportamiento. Pero mientras pienses que tú tampoco estás tan mal, no es grave. No pienses en la envidia como algo estrictamente negativo, puede ser el motor para convertirte en alguien mejor, para estar más satisfecha contigo misma.

Yo: Sí, tienes razón. Y también respeto muchísimo a mi jefa. Cuando este respeto es sano pienso: «Me quiero parecer a ella» o «Quiero seguir su ejemplo». Pero algunos días pienso cosas como: «¿Por qué no he sido capaz de pensar así?» y me deprimo mucho.

Psiquiatra: Eso es algo normal, nos pasa a todos. El fracaso, por ejemplo, puede parecer algo negativo, pero en realidad nos da experiencia, nos enseña a encontrar modos para no fracasar en situaciones similares. De la misma forma, cuando estás deprimida, puedes aprender de otras ocasiones en las que te has sentido de una forma similar y superarlo mucho más fácilmente.

Yo: Entonces, ¿cómo me siento es importante?

Psiquiatra: Muchísimo. Dicta la manera de interpretar todo lo que te pasa en la vida.

Yo: No sé qué puedo hacer para sentirme mejor.

Psiquiatra: En lugar de pensar en qué hacer para sentirte mejor, podrías reflexionar sobre cómo dejar de pensar de una manera tan extrema. Es importante.

Yo: Eso es imposible. No puedo hacerlo.

Psiquiatra: ¿Lo ves? Ya estás diciendo que no puedes. Sí que puedes. Esta semana has estado mejor, ¿verdad? Recuerdo que la semana pasada dijiste que no habías estado muy bien.

Yo: Sí, es verdad. Y también ha pasado algo. Han subido un artículo sobre la tertulia de la película en Facebook. Muchas personas que asistieron a la tertulia le dieron *me gusta* al artículo; estuve mirando sus perfiles y vi que todos eran graduados de universidades bastante prestigiosas. Descubrí que el presidente del club también había ido a una muy buena universidad, y viendo el resto de los miembros, intuyo que debió ayudar a sus compañeros de promoción y a conocidos, porque absolutamente todo el mundo había ido a muy buenas universidades. Al darme cuenta de eso me sentí insignificante y quise abandonar el club. Desde ese momento decidí que no hablaría sobre la universidad a la que yo había ido y no preguntaría por las universidades de los demás. En otras ocasiones, cuando ha salido el tema, me he sentido a la vez superior e inferior. Por ejemplo, a veces puedo hablar con alguien y sentirme muy cómoda tratando temas interesantes. Pero después, si acabo sabiendo que esa persona ha ido a la Universidad Nacional de Seúl, siempre pienso: «Debo haber parecido analfabeta con todo lo que he dicho».

Psiquiatra: Pero tú también has ido a la universidad. Ponte en la situación de estar hablando con alguien que, por cualquier razón, no tuvo la posibilidad de ir a la universidad; y de repente, esa persona te dice: «¡Pero tu fuiste a la universidad!». Entonces, ¿qué pensarías?

Yo: Pensaría que qué importa eso.

Psiquiatra: Exacto. Tus notas del instituto dictan la universidad a la que puedes ir. Pero después, dependiendo de tus intereses, tu vida adquiere una dimensión y una profundidad diferente. Las notas del instituto no definen el resto de tu vida.

Yo: Ya...

Psiquiatra: Cuando sientas que alguien es superior a ti, podrías intentar aplicar los estándares que usas para juzgar a esa persona a alguien en otras circunstancias. Por ejemplo, puedes imaginar a alguien que por una situación difícil no pudo graduarse en el instituto, pero que a pesar de todo ha conseguido algo importante, y ahora sale en la televisión. Si miras a esa persona con la perspectiva que tienes ahora, pensarías que todo su esfuerzo no ha servido para nada porque no tuvo la oportunidad de ir a la universidad, ¿pero crees que verdaderamente es así?

Yo: No, es obvio que no.

Psiquiatra: ¿Ves? Tiendes a aplicar estos estándares solo cuando estás en inferioridad de condiciones, nunca cuando tienes ventaja. Es obvio que socialmente está bien considerado haber ido a una buena universidad, y aquellos que tienen esta ventaja lo pueden tener todo más fácil. Pero si por ejemplo ahora decides buscar otro trabajo, ¿no crees que estaría mejor considerada la experiencia que tienes en lugar de tu trayectoria académica?

Yo: Tal vez tendría que intentar pensar así, ¿verdad?

Psiquiatra: Quizá te ayudaría tratar de desviar tu atención de los pensamientos que vienen a ti de forma automática.

Yo: Creo que tengo que cambiar mucho en general. Antes tenía un complejo de inferioridad considerable por mi trayectoria académica; precisamente por esa razón decidí intentar entrar en otra universidad. Al principio estaba muy cómoda con mi nueva universidad, pero después me di cuenta de que era un simple factor externo. Aunque llegué a conseguir todo lo que me propuse, seguía estando deprimida.

Psiquiatra: Tal vez deberías reflexionar sobre la circunstancia de si todo lo que pretendías era verdaderamente lo que querías.

Yo: Eso ya no lo sé.

Psiquiatra: Puedes llegar a confundir lo que quieres con lo que otros quieren para ti. Por ejemplo, imagínate que coges un tren con un destino en mente, pero después te olvidas de dónde ibas. Es decir, que puedes confundir tus pensamientos con otros tantos que absorbes a partir de normas o prejuicios sociales; tal vez el destino que tenías en mente te ha sido impuesto desde fuera sin que tú te dieras cuenta.

Yo: Pero a mí me gusta haber estudiado Escritura Creativa, estoy orgullosa.

Psiquiatra: Eso está bien. No importa lo que la gente diga, importa lo que a ti te gusta, sea lo que sea. En lugar de pensar en cómo te ven los demás, estaría bien que te centraras en hacer lo que te hace feliz, lo que deseas.

Yo: Eso lo he mencionado antes y me confunde: no sé distinguir entre qué es lo que quiero y qué es lo que los otros quieren para mí.

Psiquiatra: Hay ocasiones en las que, sin saber por qué, te sientes atraída hacia algo o alguien, ¿verdad? Tal vez el alegrarte de haber estudiado Escritura Creativa y estar satisfecha con tu trabajo son sentimientos honestos, quizá eso es lo que querías desde un principio.

Yo: Entonces, ¿puedo reconocer lo honesto en mí a partir de los sentimientos que siento de manera automática?

Psiquiatra: Sí, puedes identificarlo en lo que disfrutas hacer, en lo que encuentras placer.

Yo: Si lo primero que siento no es placer y es otra cosa, ¿debería seguir haciéndolo?

Psiquiatra: Depende. A veces también debemos hacer cosas que no queremos.

Yo: Falta poco para que acaben las tertulias sobre cine. Dicen que van a hacer más tertulias, pero aún no sé si quiero participar o no.

Psiquiatra: Podrías escribir los pros y los contras; cuando leas la lista, tal vez lo ves todo más claro. Pero, de todos modos, es solo una afición, no es bueno que lo que decidas hacer en tu tiempo libre te genere estrés. Solo espero que si decides no hacerlo, no sea por miedo.

Yo: Creo que tengo un fuerte complejo de víctima. En las tertulias, siempre pensaba que la gente me odiaba.

Psiquiatra: ¿En qué momentos pensabas eso?

Yo: Por ejemplo, recuerdo un día que al acabar la tertulia fuimos a tomar algo. No quería emborracharme y al principio estaba bien, pero acabé bebiendo demasiado. Fue hacia el final de la noche, mi memoria es un poco borrosa, pero recuerdo que el presidente del club y el moderador intercambiaron miradas como diciendo: «Deberíamos llevarla a casa». Me avergüenzo mucho de ese recuerdo, tuve la sensación de que me odiaban.

Psiquiatra: Quizá sencillamente no les gustaba el hecho de que estuvieras borracha.

Yo: ¿Cómo?

Psiquiatra: Cuando una amiga está borracha y piensas que debe llegar a casa sana y salva, te preocupas por ella, ¿verdad?

Yo: Sí, tienes razón. ¿Cómo no he podido pensar eso? Simplemente no les gustaba que estuviera borracha. A mí también me pasa lo mismo, no me gusta que la gente se emborrache.

Psiquiatra: Antes de que algo que se ha anhelado durante mucho tiempo se convierta en realidad, muchas veces pensamos que no deseamos otra cosa. Imagínate cómo te sentirías si siempre recordaras que tu sueño se ha hecho realidad: todo lo demás pasaría a ser algo añadido en tu vida. Cuando sientas envidia de alguien, trata de pensar en qué pensaría tu yo de veinte años al verte ahora. Pensaría algo como: «Guau, ¡me he graduado y trabajo en una editorial!», ¿verdad?

Yo: (Comienzo a llorar). Creo que estaría muy contenta.

Psiquiatra: Podría incluso pensar: «Quiero preguntarle cómo lo ha hecho, cómo ha llegado hasta allí». Pero tu yo del presente percibe tu vida y tu pasado como un fracaso. Sin embargo, desde los estándares de tu yo joven, la vida que estás viviendo ahora es la de alguien bastante exitoso.

Yo: A veces pienso que mi yo de treinta y cinco años estaría muy triste al ver a mi yo de veintiocho años. Y si ahora pudiese ver a mi yo de veinte años, le diría que no hace falta que se preocupe tanto.

Psiquiatra: En lugar de compararte con otras personas, compárate con tu yo del pasado.

Yo: ¿Y qué hago con mi complejo de víctima?

Psiquiatra: Eso lo tenemos que ir viendo, porque también hay elementos que podrían ser simplemente tu personalidad.

Has vivido en un estado constante de ansiedad durante muchos años. Si consigues que tus nuevas experiencias comiencen a enterrar a las antiguas, el modo en que te ves a ti misma y a los demás también puede cambiar, puede convertirse en algo más positivo.

MI YO DE VEINTE AÑOS A MI YO DE AHORA

«No importa lo que la gente diga, importa lo que a ti te gusta, sea lo que sea. En lugar de pensar en cómo te ven los demás, estaría bien que te centraras en hacer lo que te hace feliz, lo que deseas».

Siempre he mirado el pasado desde el futuro. ¿Qué pensaría mi yo de treinta y cinco años al ver a mi yo de veintiocho? ¿Qué pensaría mi yo de veintiocho al ver a mi yo de veinte? Quiero encontrarme con mi yo del pasado y decirle: «No tienes que esforzarte tanto, no es necesario que te preocupes hasta ese extremo».

Cuando no tenía nada, ni futuro, ni dinero, ni universidad... cuando realizaba trabajos precarios como limpiar en academias de estudio o en el mostrador de un gimnasio y a la vez estudiaba para mi examen de cambio de universidad... cuando miraba mi reflejo en el espejo y me veía en blanco y negro, sin color. ¿Podría esa chica imaginar en lo que se ha convertido? Me he graduado en la universidad y estoy trabajando en la editorial a la que quería acceder, haciendo un trabajo que me gusta. ¿Podría ella imaginarse todo esto?

He trabajado mucho para llegar hasta aquí. Y ahora vivo haciendo lo que me gusta; ya ni me planteo si esto es verdaderamente lo que quiero, lo es. Aun así, deseo mejorar más y más. Estoy trabajando lo suficientemente bien, estoy en un buen momento de mi carrera, ¿pero por qué me sigo torturando al vislumbrar una posición más elevada a la que quiero llegar? Sigo queriendo mejorar indefinidamente. Si mi yo de veinte años me conociese, se pondría a llorar de alegría. Ser consciente de eso es suficiente para mí.

Semana 4
Mi deseo de ser especial
no es para nada especial

Psiquiatra: ¿Cómo estás?

Yo: Bien.

Psiquiatra: ¿Bien?

Yo: Han pasado muchas cosas. He hecho una amiga. Somos muy diferentes, pero a la vez muy similares. Aunque tengamos personalidades casi opuestas, nuestra manera de pensar es parecida, así que nos hemos hecho amigas bastante rápido. Aun así, la situación me angustia bastante. No soy una persona que tenga muchos amigos, se me hace difícil acercarme a alguien.

Recuerdo que en el último semestre de la universidad tenía una amiga. Estudiaba en otra facultad, pero teníamos la clase de escritura creativa en común. Se le daba muy bien escribir, lo que me animó a acercarme a ella y pronto nos hicimos amigas. Durante todo el semestre fuimos prácticamente inseparables, pero acabé perdiendo el contacto con ella. A veces pensamos que alguien es muy similar a nosotros, pero con el paso del tiempo, nos damos cuenta de lo diferente que es en realidad. Creo que mi amiga, al principio, no se percató de cómo era verdaderamente yo, de mi carácter, de lo extremadamente tímida e insignificante que soy. Acabó considerándome incomprensible. A medida que íbamos quedando yo ya no sabía qué decir, de qué hablar; sentía que absorbía toda mi energía, incluso afectó a mi autoestima.

Al acabar las clases siempre íbamos a un taller de escritura juntas. Al principio me gustaba mucho ir con ella, pero con el tiempo fui acumulando más y más resentimiento, y finalmente decidí abandonar el taller. Fue en ese entonces que perdimos el contacto.

No era consciente de lo mucho que esta situación llegó a afectarme, pero desde que he conocido a mi nueva amiga, recuerdo una y otra vez mi amistad con esa chica y me angustia. Estoy siempre pensando: «¿Qué pasa si de repente ella también me abandona?», «¿Se va a dar cuenta de lo insignificante que soy?». Tengo mucho miedo de que pase eso.

Psiquiatra: Pero ahora tampoco puedes hacer mucho, ¿verdad? ¿Por qué no intentas vivir el momento? Esta ansiedad que sientes de perder algo solo la puedes sentir cuando posees ese algo.

Yo: No es poseer… Cuando me gusta alguien tengo miedo a que piense que soy fácil, manejable, insignificante.

Psiquiatra: ¿Crees que ella piensa que, si dos personas se gustan, se sienten cómodas la una con la otra, a la que le gusta la otra persona en mayor grado es «débil»?

Yo: Mi amiga no es el tipo de persona que se interesa por los demás, y a mí me gusta la gente que no está muy interesada en otra gente. Siento que el haberme elegido a mí de entre todos los trabajadores de nuestra empresa, es algo muy especial. Me siento patética al pensar así.

Psiquiatra: ¿Te sientes patética porque sientes que te ha escogido?

Yo: Sí. Es patético, ¿verdad?

Psiquiatra: Tal vez tendrías que redistribuir un poco tu afecto. Cuanto más te sacrifiques por alguien, más esperarás de ellos. Sentirás que has dado mucho de ti misma, y esperarás el mismo esfuerzo de su parte. De esta forma lo único que conseguirás es estar más atada a la otra persona.

Yo: Pero yo solo pienso, nunca actúo sobre estos pensamientos. Nunca hago nada, solo espero sola y me decepciono sola.

Psiquiatra: El pensamiento de no poder traicionar a la persona que te ha escogido te puede atar más a ella. En lugar de intentar desesperadamente no ser abandonada, puedes tratar de pensar: «¿Verdaderamente me gusta estar con esta persona?», «¿Qué es lo que me gusta?», «¿Qué es lo que no me gusta?».

Yo: Ella es muy especial, pero yo soy muy común. Pensar así me atormenta.

Psiquiatra: Entonces, ¿crees que ella ha buscado específicamente una persona común? ¿Crees que una persona tan especial que no tiene amigos en la compañía ha elegido a alguien que no es nada especial?

Yo: No lo sé… Y también estos días he decidido que voy a intentar ser más honesta, de manera consciente. Cuando he sido honesta, he visto cómo muchos problemas se han solucionado. Quiero ser más honesta en mis relaciones.

Psiquiatra: ¿No tienes miedo de mostrarte tal y como eres? ¿De ser completamente honesta con alguien?

Yo: Sí, así que quiero empezar a practicar ser honesta lo antes posible.

Psiquiatra: Eso es bueno.

Yo: Me alegra que pienses que es bueno. He hablado de todo esto con mi amiga. Le dije que soy una persona muy normal, y que tenía miedo a que se decepcionara si descubría esta parte de mí. Pero ella me dijo que también se sentía así, que también creía que ella era una persona muy común.

He estudiado Escritura Creativa y ahora trabajo en una editorial, así que en mi día a día veo muchos artistas. Pero creo que no me llevo muy bien con ellos, siento que soy demasiado normal. Esto también me pasa cuando conozco a gente que no tiene nada que ver con el arte, me siento como si fuera una isla, como alguien que no es nada concreto, ni esto ni aquello, es como si fuera un objeto flotante.

Mi amiga me comentó que ella también se siente así. Me dijo: «Me gusta el arte, pero también me encanta ver programas que no te aportan mucho. Prensa rosa, por ejemplo». Me dijo que se sentía como si no fuera nada, ni una artista ni alguien convencional, comentó que a veces tenía la sensación de ser un minotauro.

Cuando le dije que tenía miedo a perder el contacto, me dijo que ella también tenía su propia vida y cosas que hacer, así que sería difícil estar en contacto constantemente, pero que estaría bien que de vez en cuando habláramos.

Psiquiatra: Parece que con esta nueva amiga las cosas no van nada mal. No pienses demasiado en lo que puede llegar a pasar. Tu ansiedad puede convertirse en una carga para los demás.

Yo: ¿Como lo que pasó con mi amiga en la universidad?

Psiquiatra: Podría darse una situación similar. Tener una amistad con alguien y sentir que la otra persona es superior a ti puede hacer que te menosprecies. Incluso si físicamente dos personas están cerca, psicológicamente pueden llegar a estar muy lejos. Esto puede provocar un sentimiento de inferioridad en ti, puedes llegar a pensar: «Esta persona va a hacer todo lo posible para alejarse de mí». Para confirmar estas sospechas, puedes incluso preguntar directamente a la otra persona o buscar otras formas más indirectas. Al ver esto, la otra persona puede llegar a sentirse incómoda.

Yo: ¿Crees que la gente se da cuenta de lo que estoy haciendo, de lo que estoy pensando?

Psiquiatra: Puede ser. Entiendo tu necesidad de conocer cómo se siente la otra persona con respecto a ti, pero tus modos de confrontar tus miedos quizá son un poco infantiles.

Yo: ¿Y por qué crees que lo hago? ¿Por qué crees que me comporto así?

Psiquiatra: Quizá estés intentando buscar algún tipo de satisfacción inmediata. Pero tal y como dice la palabra, es algo inmediato, es algo instantáneo. Podrías simplemente tratar de apreciar el haber conocido a alguien con quien te sientes cómoda. Una vez comiences a valorar el tiempo que pasáis juntas, ¿qué sentido tiene pensar en qué tipo de relación tenéis?

Yo: Es verdad... ¿Cómo crees que puedo corregir el sentirme tan común y corriente?

Psiquiatra: ¿Crees que es algo que debes corregir?

Yo: Quiero estar bien conmigo misma, quererme.

Psiquiatra: No creo que sea un problema que debas solucionar. Pienso que está más relacionado con la imagen que tienes de ti misma. Cuando, por ejemplo, conoces a un artista, ves las cualidades que tiene y tú no; te pasa lo mismo cuando conoces a otro tipo de personas. ¿Por qué no intentas cambiar este modo de pensar? «Mira, un artista. Debe ser muy incómodo ser tan sensible y pensar tanto», puedes pensar algo así. O cuando conozcas a otra persona puedes considerar: «Creo que no nos llevaremos bien». En una misma situación, tener diferentes perspectivas puede conducir a diferentes resultados. Lo que estás haciendo ahora es imponer tus estándares en diferentes situaciones, y lo único que consigues es sentirte peor.

Yo: Creo que me torturo mucho.

Psiquiatra: En realidad, pensar en ti misma como una persona corriente puede ser un modo de protegerte. Es una forma de decir que no eres inferior, que eres simplemente normal.

Yo: Puede ser. Después de conocer a esta amiga, todos estos pensamientos se han vuelto más recurrentes. Ella odia la idea de lo normal, lo típico. Si lo pienso bien, yo creo que también.

Psiquiatra: ¿Pero crees que lo que ella considera normal y lo que tú consideras corriente es lo mismo? Supongo que habrá aspectos en los que estaréis de acuerdo, pero seguro que habrá otros en los que discreparéis. No todo es blanco o negro.

Yo: Ya… Por lo general, me gusta estar sola; pero tengo una condición para estar cómoda en mi soledad: debe haber alguien que me quiera. Mientras que haya alguien que de vez en cuando me pregunte cómo estoy, puedo estar sola. Recuerdo una temporada en la que estuve sola por completo durante seis meses. Un día me levanté por la mañana y me di cuenta de que nadie me buscaba, nadie preguntaba por mí, y me sentí muy aislada. Últimamente pienso bastante en esa época de mi vida.

Psiquiatra: Si te angustias a propósito para captar la atención, alguien te la dará. Pero cuando tu ansiedad disminuya y estés más relajada, la otra persona también se va a relajar. Entonces volverás a tener ansiedad, te frustrarás. Aunque no sea intencional, puedes incluso llegar a pensar que, si eres feliz, la otra persona se alejará, lo que inevitablemente te convierte en alguien que nunca puede llegar a serlo. Este tipo de relación puede aliviar tu ansiedad momentáneamente, pero a la larga es como algo que se pudre en tu interior.

Yo: Mi amiga también me dijo que debería intentar estar sola de vez en cuando, no depender tanto de los demás.

Me contó que durante una temporada de su vida decidió aislarse, y llegó un momento que dejó de importarle lo que la gente sentía por ella, estaba cómoda consigo misma. ¿Crees que estar sola podría ayudarme?

Psiquiatra: Si no hay más remedio... ¿Pero crees que es estrictamente necesario estar sola? Pienso que es una medida un poco extrema. Te sientes vacía y tienes miedo, lo que te obliga a intentar protegerte pidiendo ayuda. Pero si dependes de alguien, aunque te puedas sentir satisfecha en el momento, quizá más tarde te vuelves a encontrar completamente aislada. Puedes incluso perder el interés en hacer cosas nuevas.

Yo: En nuestra anterior sesión me propusiste reflexionar sobre lo que pensaría mi «yo» de veinte años si me viera ahora. Creo que fue una muy buena idea. Me he dado cuenta de que antes estaba atada a un sinfín de normas, era muy obediente. Pero en realidad, nunca me ha gustado seguir lo que la mayoría hace, nunca me ha gustado formar parte de la masa. Recuerdo que en segundo de primaria había una chica, Eunkyoung, que era delegada de la clase y parecía la jefa de todo el mundo. Había otra chica que la acompañaba cada día hasta el portal de su casa, se llamaba Yoonjin. Un día le pregunté a Eunkyoung: «¿Por qué haces que Yoonjin te acompañe a tu casa todos los días?», y ella, como si fuera algo obvio, me respondió: «Porque le gusta». Así que le pregunté a Yoonjin: «¿Te gusta?» y ella dijo «Sí». A la mañana siguiente, cuando llegué al colegio, me di cuenta de que me había quedado completamente sola.

Cuando intentaba hablar con Eunkyoung me ignoraba, me trataba como si fuera invisible, después cuchicheaba con los niños a su lado. Todas las niñas hacían como si yo fuera invisible. Desde ese momento intenté no destacar mucho ni decir nada fuera de lugar, actuar como los demás, así conseguí no estar tan aislada, infiltrarme en la masa. Pero eso cambió cuando comencé a ir al instituto, y ya cuando fui a la universidad, me di cuenta de que volvía a estar completamente sola. En el trabajo también me pasa lo mismo. Pero estoy bien así, no estoy mal. Estoy orgullosa del cambio que hice cuando entré en el instituto, así que quiero elogiarme. Decidí hacer las cosas a mi manera.

Psiquiatra: Está bien que hagas lo que quieras, aunque no creo que la decisión de estar sola sea algo que necesariamente se deba elogiar. Es sencillamente una decisión personal. Mientras creas que es la decisión correcta, es lo correcto. Está bien que intentes encontrar diferentes modos para estar cómoda contigo misma.

Yo: Sí, es verdad.

ISLA

«Por lo general, me gusta estar sola; pero tengo una condición para estar cómoda en mi soledad: debe haber alguien que me quiera. Mientras que haya alguien que de vez en cuando me pregunte cómo estoy, puedo estar sola».

Cuando me dijiste que te sentías bien conmigo, me pregunté si era yo la única que se sentía incómoda. Yo también quería estar cómoda, reírme, pero era como si mis palabras se desintegraran en mi garganta, antes de salir. Cuando estaba contigo, yo era una sombra; algo oscuro, olvidado, una sustancia que te seguía a todos los sitios y te imitaba en todo.

Cuando te oía decir: «Me siento muy cómoda, me siento muy bien», te envidiaba. Yo también quería reír, poder estar cómoda con alguien, poder acercarme a alguien que me gusta sin pensar demasiado. Anhelaba esa naturalidad.

Semana 5
La maldita autoestima

Soy hipersensible. «Hipersensible» es la palabra perfecta para describirme. Sé que soy como soy, pero no lo acepto. Mi disconformidad se traduce en cómo me comporto, en cómo hablo; soy un animal agresivo. Todas las contradicciones que anidan en mi interior hacen que la imagen que tengo de mí se desmorone.

Después de discutir con alguien me miro en el espejo; observo mi cara enrojecida, de un rojo que sube hasta las orejas. En esos momentos de lucha interior, de lucha aislada, me doy cuenta de lo patética que soy. Mis ojos inyectados en sangre, mi flequillo despeinado, mi expresión estúpida, de no tener idea de lo que pasa por mi cabeza. Mi existencia parece ser opaca. Mis emociones me aplastan. El equilibrio que finalmente he logrado después de tanto esfuerzo se rompe en mil pedazos.

Psiquiatra: ¿Cómo estás?

Yo: En general estoy bien, pero el jueves y el viernes estuve bastante mal. Después mejoré.

Psiquiatra: ¿Pasó algo durante esos días?

Yo: En la sesión de la semana pasada hablé de mi nueva amiga. Me comentaste que mi ansiedad puede llegar a ser una carga para la otra persona. Racionalmente lo entiendo, pero me es difícil dejar de actuar como siempre. A veces cuando bebemos somos demasiado honestos... La cuestión es que el jueves fui a tomar algo con esta amiga y salió el tema de mi amiga de la universidad. Acabé hablando de la ansiedad que siento hacia mis amistades; después me arrepentí muchísimo de esa conversación.

Psiquiatra: ¿Cómo reaccionó tu amiga?

Yo: Simplemente dijo: «Oh, ya veo»; yo me repetía constantemente, así que ella tampoco podía decir mucho. Cuando llegué a casa me sentí muy deprimida y me arrepentí de la conversación; pero a la mañana siguiente mejoré de manera inmediata. En la sesión anterior comenté que cuando me gusta alguien tiendo a pensar que esa persona me va a ver como alguien inferior. Cuando era pequeña dependía de mi hermana mayor, ella me cuidaba. En mis amistades o relaciones románticas siempre he recibido más de lo que he dado. Pero con esta amiga es diferente, desde el principio he sentido que quiero hacer algo por ella.

Psiquiatra: ¿Te ves reflejada en ella?

Yo: No exactamente. Ella es un poco diferente; no está acostumbrada a mostrar cómo se siente, pero yo considero que se me da bien expresar mis sentimientos. Tengo la capacidad de organizar lo que siento en palabras y expresarlo. Para mi amiga creo que es más difícil, ella misma me lo confesó.

Me preocupa que reprima sus emociones. Una vez leí que las emociones son como un camino, y si constantemente reprimimos las emociones negativas, las emociones positivas también pueden verse bloqueadas. Al leer eso pensé que verdaderamente es así, de manera que se lo comenté a mi amiga. Pero al decírselo sentí que no le daba mucha importancia, no paraba de enviarme mensajes que no tenían ninguna relación con lo que le había comentado. Me molestó un poco.

Psiquiatra: ¿Te enfadaste con ella?

Yo: Sí.

Psiquiatra: Pero la semana pasada estabas muy cómoda con esta amistad, ¿verdad?

Yo: Sí, pero también me preocupaba que, al ver como mostraba más interés en ella, pensara que soy insignificante, patética. Es por eso que el jueves me sentí tan mal. El viernes mejoré porque recordé mi tendencia a distorsionar mis propios pensamientos, así que decidí pensar de una forma diferente y me di cuenta de que ella siempre había sido así. Mi amiga no es lo que se diría amable con todo el mundo, pero habla conmigo, me envía mensajes porque se siente cómoda; no ha decidido acercarse a mí porque me ve como alguien insignificante, simplemente me envía mensajes porque está cómoda conmigo. Otra cosa que pensé fue: «Si piensa que soy insignificante, ¿qué pasa? Tampoco es tan importante».

Psiquiatra: Tal vez la razón por la que te sentiste tan mal fue porque hablaste de tu amiga de la universidad. ¿Has pensado en eso?

Yo: Después de contarle todo lo que pasó con mi amiga, me arrepentí muchísimo y me castigué a mí misma; sentí que, al hablar de estas cosas, hacía que la gente se cansara de mí. Pero al día siguiente mi amiga estaba como si no hubiera pasado nada, de manera que pude calmarme un poco. Aun así, soy consciente de que, si ella hubiera actuado diferente, si hubiera estado mínimamente fría conmigo, yo seguramente hubiera pensado que es por lo que le conté; hubiera llegado a la conclusión precipitada de que ella me ve como como alguien inferior.

Psiquiatra: Por lo que comentas, nunca puedes encontrar un término medio a tus pensamientos: es todo o blanco o negro.

Yo: Sí, todo es un extremo.

Psiquiatra: Tenías miedo a que ella se cansara de ti, pero parece que eres tú la que se ha cansado de ella.

Yo: Sí, eso parece. No estoy acostumbrada a sentir emociones tan contradictorias, por eso te lo estoy explicando todo. Recuerdo que en la sesión anterior me comentaste que el sentimiento de ser elegida puede llegar a crear una sensación de deuda hacia la otra persona. En ese momento no lo quise admitir, pero creo que tenías razón.

No paro de pensar cosas como: «Me ha elegido a mí, se ha abierto a mí, tengo que portarme bien con ella».

Psiquiatra: No vivimos en una sociedad de clases, ¿verdad? Nadie tiene el derecho de elegir a nadie. Se da y se recibe. Pon una relación de pareja de ejemplo: hay momentos en los que das, y hay otros en los que recibes.

Yo: Es verdad; y como odio dar, siempre escojo a personas a quienes les gusto más, de quienes puedo recibir más.

Psiquiatra: Por lo que comentas, has descubierto algo que consideras un defecto en tu amiga, lo que provoca que te sientas un poco superior. Si tu amiga hace algo que en tu opinión es negativo, por más que intentes considerar que quizá tenga sus razones, siempre tiendes a pensar de manera extrema y a imponer tus estándares en unas circunstancias que no son las tuyas. En una situación concreta pueden coexistir varias causas, pero tú tiendes a clasificarlas y a buscar la más extrema. Este puede ser el motivo por el que, si el comportamiento de tu amiga cambia, el tuyo también y decides dar a la otra persona lo mismo que tú recibes de ella. A la larga esto puede convertirse en una carga.

Yo: Tienes razón. Llegué a pensar algo así como: «Yo me siento muy cómoda con ella y creo que somos bastante cercanas, pero ella igual se ha acercado a mí porque se siente sola. ¿Y si piensa que soy insignificante? ¡Entonces la odio!».

Psiquiatra: Este tipo de ansiedades pueden convertirse en una carga para tu amiga. Inconscientemente la otra persona puede captar lo que estás sintiendo. Es como un imán; cuando quieres acercarte, la otra persona se aleja, cuando quieres alejarte, se acerca de nuevo. Podrías intentar dejar de aplicar tu manera de pensar en extremos a esta relación. Puede ser que incluso pensando que tu amiga es un poco molesta, al mismo tiempo hayas disfrutado de su atención.

Yo: Sí. Me molestaba la atención que me daba, pero al mismo tiempo la disfrutaba. ¿Qué me pasa?

Psiquiatra: Eso le puede pasar a todo el mundo. Sentirse molesto por recibir la atención de alguien, pero al mismo tiempo disfrutarla es algo normal. Piensa en ello como un modo de cultivar tu autoestima, aunque sea mínimamente.

Yo: ¿Entonces no me pasa nada?

Psiquiatra: No, no te pasa nada.

Yo: Siempre he vivido en casas pequeñas. Cuando era niña me di cuenta de que con solo mirar el balcón de un apartamento puedes imaginar más o menos lo grande que es. Recuerdo que me avergonzaba mucho de eso, de que la gente pudiera adivinar lo grande que era mi casa. También me avergonzaba de estar avergonzada. Así que cuando cumplí la mayoría de edad comencé a mostrarme segura ante mis amigos o mis parejas, pero era una seguridad completamente falsa.

Al poco tiempo me di cuenta de que mis hermanas mentían sobre donde vivíamos. Un día les pregunté: «¿Por qué estáis mintiendo?». Ellas contestaron: «Da igual dónde vivamos, aquí o allí es todo similar. No hay necesidad de decir la verdad». Lo dijeron con mucha naturalidad, como si verdaderamente no importara. Yo siempre me he sentido muy culpable por mentir.

Psiquiatra: Tampoco pasa nada con que mientan, ¿no crees? Quizá se sienten más cómodas así.

Yo: Ah…

Psiquiatra: Sigues aferrándote a tus estándares idealizados, te fuerzas a ser como consideras que deberías ser. Es otra forma de castigarte a ti misma.

Yo: Como profesional, ¿crees que estoy mejor? ¿Crees que he mejorado?

Psiquiatra: Yo te veo bien. ¿Por qué preguntas?

Yo: Porque yo creo que estoy mejor. También lo siento en el trabajo.

Psiquiatra: Bueno, ahora incluso te ha salido una amiga pesada, ¿verdad?

Yo: En realidad pienso que todo me molesta, que siempre hay algo que me estorba. Todo el mundo me puede llegar a molestar. Crees que está bien intentar acercarme a los demás con una mentalidad de «¿Y qué si no le gusto? ¿Y qué si piensa que soy molesta? No importa».

Psiquiatra: ¿Crees que todas las situaciones son causa de pensamientos como: «Ha hecho esto porque me odia» o «Ha hecho esto porque le gusto»? Toma el ejemplo de tu amiga, no es que no te guste tu amiga, es simplemente que no te gusta cómo actúa. Ahora mismo lo que estás haciendo es interpretar todo lo que hace tu amiga como un rechazo hacia ti.

Yo: Siempre me pasa lo mismo. Sea cual sea la reacción, automáticamente pienso: «Ahora seguro que me odia».

Psiquiatra: Puede haber otras explicaciones para el comportamiento de tu amiga, pero tu mente instintivamente se aferra a la más extrema. También aplicas este modo de pensar en extremos a otras personas. Observa cómo, normalmente, son tus propios pensamientos los que te torturan.

Yo: Sí, no paro de dejarme arrastrar por mis propios pensamientos, me hunden. Creo que necesito encontrar una forma de tener relaciones más sanas.

Psiquiatra: No hay ninguna relación que sea perfecta, siempre puede haber desacuerdos. Creo que estaría bien que aprendieras a diferenciar las partes del todo. Que te guste algo de una persona no significa que te tenga que gustar todo. Y, al contrario, que no te guste algo de una persona, no significa que la odies. Creo que deberías intentar empezar a pensar de otra manera.

NO DEPENDER DE LA DEPENDENCIA

«Una vez leí que las emociones son como un camino, y si constantemente reprimimos las emociones negativas, las emociones positivas también pueden verse bloqueadas».

Creo que he empezado a depender de mi psiquiatra. Siento su presencia como algo imprescindible en mi vida. Es profesional y me ofrece soluciones para lo que me pasa, es la única persona que me puede ayudar en este momento.

Quiero liberarme de todo lo vulgar, de todo lo podrido que vive dentro de mí. No es que quiera pretender ser especial (aunque a veces recordar lo especial que uno es puede ser importante), simplemente me gustaría poder llegar a ser feliz. No quiero que las emociones y los sentimientos de otros me dominen, no quiero caer en el foso de mis pensamientos extremos; quiero poner orden dentro de mí y liberarme de las cadenas que me atan a repetir una y otra vez mi modo de pensar en extremos. Quiero ser la dueña de mi propia vida. Hacer todo lo que me apetezca, para vivir una vida de la que no me arrepienta de nada.

Si muestro mi extremismo y mi oscuridad al mundo, ¿puedo llegar a ser feliz? ¿Qué gano deshumanizándome, castigándome, intentando despojarme de todo lo que me hace yo, Baek Sehee? Durante mucho tiempo he vivido con un cuchillo clavado en el pecho; es por esto que a veces necesito ver las cosas desde una perspectiva estrictamente racional para protegerme a mí misma. Debo intentar dejar de encarcelarme en «esto es lo que tengo que hacer» y empezar a reconocerme a mí misma como una persona independiente, libre de tomar sus propias decisiones.

Semana 6
¿Qué tengo que hacer para conocerme mejor?

Psiquiatra: ¿Cómo estás?

Yo: Bien.

Psiquiatra: ¿Has tenido sueño durante el día?

Yo: No, no mucho. Normalmente duermo bien por la noche, aunque me suelo despertar unas dos o tres veces; pero ayer dormí diez horas seguidas. Últimamente también he notado que, si no me voy a dormir habiendo bebido algo de alcohol, cuando me despierto por la noche echo mucho de menos a mi expareja. ¿Por qué crees que me pasa esto?

Psiquiatra: ¿Ha intentado ponerse en contacto contigo?

Yo: No.

Psiquiatra: Sería extraño si no pensaras en tu ex; habéis pasado un tiempo considerable juntos. No pienses que es algo dañino acordarte de vez en cuando.

Yo: Pero dicen que el alcohol hace que seamos más sinceros. Eso significa que debo echar mucho de menos a mi ex, ¿verdad?

Psiquiatra: Que estés borracha no significa que vayas a ser totalmente sincera. Es cierto que cuando bebemos tendemos a ser más valientes y compulsivos, pero otras veces podemos llegar a tener otra personalidad, a actuar como alguien completamente diferente a nosotros.

Yo: (Oigo la lluvia fuera). Creo que está lloviendo. Y también he notado que mi nueva amiga me está influenciando de otra manera. Cuando nos sentimos cómodos con alguien, nos acabamos interesando por sus intereses. Últimamente estoy leyendo los libros que a ella le gustan y escuchando la música que escucha, y el poder descubrir nuevos libros y música me alegra. La semana que viene voy a asistir a una clase de escritura creativa, el profesor es un autor que admiro muchísimo.

Psiquiatra: ¿Vas a ir sola?

Yo: Sí. Y también me han aceptado en la plataforma *Brunch* (plataforma para escritores), hace un tiempo intenté acceder, pero me rechazaron. Esto me ha animado mucho, y con mi amiga hemos decidido que escribiremos reseñas de libros una vez a la semana (finalmente acabamos por escribir una sola entrada en la plataforma). He estado dos años sin escribir nada, pero ahora estoy planeando la redacción de una novela corta; estoy bastante bien en general. Mientras planeaba la estructura de la novela pensé: «Voy a ser lo más honesta posible».

Psiquiatra: Usar tu imaginación te puede ayudar mucho en varios aspectos, incluso te puede servir para aplacar tus pensamientos compulsivos. A través de los personajes que crees, puedes encontrar un mayor grado de satisfacción contigo misma, con tu situación. Recuerdo que también planeabas hacerte un tatuaje, ¿cómo va eso?

Yo: Me lo voy a hacer hoy.

Psiquiatra: ¿Con quién?

Yo: Voy sola, pero después he quedado con alguien que no conozco de nada. Tengo un blog donde escribo todo lo que me pasa por la cabeza, sin orden. Desde hace un tiempo, una o dos personas le dan me gusta a mis publicaciones, así que yo también les di me gusta a las suyas y dejé algunos comentarios. Cuando comencé a escribir sobre nuestras sesiones hubo una persona que escribió un comentario mandándome fuerzas. Después de eso escribí sobre cómo a veces me siento muy deprimida, y una persona me mandó un mensaje directo diciendo que debe ser muy duro pasar por lo que estoy pasando, y que algún día le gustaría invitarme a cenar. No sé por qué lo hice, pero le contesté diciendo que el sábado lo tenía libre, así que hoy lo voy a conocer.

Psiquiatra: ¿No tienes miedo?

Yo: Es extraño, pero no. Tal vez es porque ya hemos hablado un poco. Antes hubiera tenido miedo de que fuera un traficante de personas o algo así. Pero esta vez sorprendentemente no tengo nada de miedo, estoy tranquila.

Psiquiatra: Entiendo que os habéis conocido a través de lo que escribís en internet, y que puedes llegar a sentirte segura por lo que piensas que compartís, pero aun así debes ir con cuidado. Con todo, mientras quedar con él sea tu decisión, no creo que pase nada.

Yo: Antes hubiera pensado algo como: «¿Quedar con alguien de internet? ¡Que horrible!», pero ahora no pienso que sea extraño ni nada parecido. Aunque creo que tendría que hablar con mi amiga, decirle que llame a la policía si no se puede poner en contacto conmigo.

Psiquiatra: ¿Os habéis dado los números de teléfono?

Yo: Sí.

Psiquiatra: Le puedes dar el número a tu amiga, solo por si acaso. ¿No te entristece que tu expareja no haya contactado contigo?

Yo: No. Bueno, no mucho. He pensado en esperarme a que pase un poco más el tiempo y llamar yo. No acabamos en buenos términos. Si de verdad quiere romper conmigo, si de verdad me quiere fuera de su vida, solo espero que podamos romper de otra manera.

Psiquiatra: ¿Por qué crees que necesitas tiempo?

Yo: Para no estar tan enfadada, quiero darme un tiempo para calmarme. Lo que más me duele es que siente que durante nuestra relación yo le desprecié, pero yo en ningún momento tuve la intención de hacerle sentir mal, en realidad no creo que lo hiciera nunca. Aun así, me da miedo que ese pensamiento le atormente.

Psiquiatra: Querer un cierre definitivo para tu relación es algo sano. Pero más que nada, me gustaría que intentaras liberarte de tu antiguo modo de pensar. Tal vez podrías tratar de no escoger tus parejas pensando: «Este es el tipo de persona con la que tengo que estar» e intentar conocer a otro tipo de gente. Hay personas que después de perder a su primer amor piensan que nunca podrán sentir lo mismo con otra persona; pero pasa el tiempo, conocen a alguien, y consiguen olvidar a su primer amor. Intenta pensar, por ejemplo, que estás entrando en la adolescencia; intenta aceptar los cambios en tu vida, intenta escoger cosas que antes nunca hubieras escogido, hacer cosas que antes nunca hubieras hecho, incluso lanzarte a nuevas situaciones que, aunque sepas que van a acabar en fracaso, les das una oportunidad por el simple hecho de obtener una experiencia.

Yo: Podría intentarlo. Y últimamente les gusto mucho a mis amigos, los noto más cómodos conmigo. Dicen que estoy más contenta que antes.

Psiquiatra: Eso está bien, pero en lugar de pensar en lo cómodos que están tus amigos contigo, podrías reflexionar sobre cómo estás tú contigo misma.

Yo: Pero como eso cambia constantemente... Aunque esta semana sí que he estado más satisfecha conmigo misma. Me alegra haber podido decidir empezar a escribir un libro, apuntarme a clases de escritura creativa. En general, estoy muy contenta.

Psiquiatra: Espero que el tatuaje también vaya bien.

Yo: Sí, seguro que va bien. Recuerdo que una vez me comentaste que yo siempre me quedo con lo malo, aunque haya muchas cosas buenas. He pensado en por qué hago esto. Por ejemplo, hace poco me rechazaron, y automáticamente pensé: «Debe ser porque no le gusto». Pero después leí en un libro que el amor tiene muchas formas, y no debemos juzgar el amor de otra persona con la forma que nosotros entendemos. Después de leer eso pensé: «Es verdad, igual tiene muchas cosas en la cabeza, tal vez hay otra explicación». Sentí que estaba racionalizando la situación y decidí parar.

Psiquiatra: ¿Por qué piensas que racionalizar una situación es algo negativo?

Yo: Porque racionalizar algo así es negarse a aceptar la verdad.

Psiquiatra: En realidad, racionalizar una realidad en concreto es un mecanismo de defensa bastante maduro. Es un modo de intentar encontrar explicaciones a lo que te hiere.

Yo: ¿Crees que pasa algo si lo uso para protegerme a mí misma?

Psiquiatra: No, para nada. Lo que estás haciendo es intentar juzgar la situación de un modo más racional. Se convierte en un problema cuando lo llevas a un extremo, pero no es necesariamente algo negativo.

Yo: Recuerdo una vez que una amiga me estaba contando algo sobre su vida amorosa, y no sé cómo fue, pero yo le acabé diciendo: «Eso es ir de flor en flor, engañar». Pero mis palabras no parecieron tener ningún efecto en ella, y simplemente dijo: «No, tú simplemente no entiendes cómo es nuestra relación con solo escucharme hablar». Admiré esa actitud, yo también quiero ser así.

Siempre he dependido de lo que han dicho los otros y de cómo ellos han juzgado mis situaciones, durante mucho tiempo me he dejado influenciar por los demás.

Psiquiatra: Para ser así, para estar segura de lo que eres y de lo que tienes, primero debes conocerte y estar cómoda contigo misma.

Yo: Ya. Creo que no me conozco mucho.

Psiquiatra: Exacto.

Yo: ¿Qué debo hacer para conocerme mejor?

Psiquiatra: En general, las personas creemos que nos conocemos perfectamente, ¿pero crees que es realmente así? Muchas veces es como si un ciego tocara la trompa de un elefante y pensara que es un árbol, vemos solo lo que queremos ver de nosotros mismos.

Yo: Entonces, ¿cómo lo hago?

Psiquiatra: Podrías empezar por contemplar la realidad desde una panorámica tridimensional, es decir, ver las cosas desde distintas perspectivas. Tal vez también podrías intentar mirarte desde varias ópticas.

Yo: Sí, tienes toda la razón. Me he dado cuenta de que, cuando observas a una misma persona desde varias ópticas, nunca puedes llegar a odiarla.

Psiquiatra: Los cuentos que leen los niños son planos, superficiales: hay personajes buenos y malos. Pero en los libros para adultos, es difícil caracterizar a los personajes como buenos o malos. Aprender a ver a las personas en su totalidad, no solo una parte, te podría ayudar. Es algo que también te puedes aplicar a ti misma.

Yo: ¿Crees que escribir me puede ayudar?

Psiquiatra: Sí, creo que sí. Puedes incluso tratar de escribir cada día. Hoy vas a hacerte un tatuaje, ¿verdad? Pues escribe cómo te sientes antes y después de tener el tatuaje. Escribiendo puedes lograr conocerte mejor. «Ah, puede que tenga miedo de esto; parece que me siento aliviada por esto», puedes pensar cosas así al leerlo todo. Es decir, escribir te ayudará a observarte a ti misma desde varias perspectivas, a verte como tú eres verdaderamente.

EL SER, «YO»

«¿Por qué piensas que racionalizar una situación es algo negativo? En realidad, racionalizar una realidad en concreto es un mecanismo de defensa bastante maduro. Es un modo de intentar encontrar explicaciones a lo que te hiere».

Mirar en mi interior es siempre difícil, especialmente cuando siento que me ahogo en el charco de mi propia negatividad. ¿Cómo describirlo? Es como cuando pisas una mierda, te agachas para ver lo que has pisado y compruebas que, efectivamente, es una mierda. Hoy me he sentido así. Lo único que quería hacer en todo el día era quejarme. Me apetecía depender de alguien y estar triste. Para mí, estar deprimida es el camino más fácil, al que estoy más acostumbrada, es la emoción que siento más cercana a mí. Es un hábito que se me ha enganchado en la piel y se ha filtrado en mi sangre.

Las cosas mejorarán con el tiempo. No. Todo fluye, como las olas, y habrá periodos buenos, y después periodos malos. No pasa nada por estar bien hoy y mañana volver a deprimirme. Simplemente tengo que quererme a mí misma.

Solo hay un yo en este mundo, una existencia especial, una existencia que tengo que cuidar, un yo que tengo que ayudar a avanzar, poco a poco y con afecto. Una existencia a la que tengo que permitirle descansar, pero también apurar cuando sea necesario. Creo que cuanto más mire hacia mí misma, hacia mi interior, más caminos encontraré para ser feliz.

Semana 7
Pautar, juzgar, decepcionarse e irse

Psiquiatra: ¿Cómo estás?

Yo: No muy bien. ¿Sabes la amiga de la que te he estado hablando últimamente? He notado que estoy obsesionada por cómo me ve; creo que me influencia muchísimo. Le presté un libro y tuve miedo de que se riera de mis gustos.

Psiquiatra: ¿Le gustó el libro?

Yo: Después de leerlo me envió un mensaje con lo que pensaba. Lo percibí como una crítica. Era una crítica al libro, no a mí; pero de todas formas sentí que la violencia era dirigida hacia mí y hacia el libro al mismo tiempo. Sin pensar, mi respuesta automática fue enviarle: «Eres una arrogante y me cansas». Ella me contestó algo mucho peor, me hirió y la ignoré.

Psiquiatra: ¿Cómo te hizo sentir la situación?

Yo: No pensé que hubiera perdido una amiga, pensé que de nuevo había conocido a alguien que me menospreciaba, otra vez. Me deprimí muchísimo y me enfadé aún más.

Odiaba el hecho de sentirme fácil y manejable, y la odiaba a ella, la despreciaba; no quería oír hablar de ella nunca más.

Psiquiatra: Parece que el problema de verlo todo en blanco o negro sigue allí.

Yo: ¿Verlo todo en blanco o en negro?

Psiquiatra: Sí. Es como si te acorralaras a ti misma en una esquina y te obligaras a elegir entre blanco o negro. Si salir con una persona o no, si hacerte muy amiga de alguien o no volver a verla nunca más. Pareces solo tener dos alternativas: o explotar o no decir nada. Las únicas opciones que tienes son sí o no, no hay otra posibilidad. Pienso que con esta amistad creíste que tenías algo especial, así que decidiste aguantar y nunca decir nada, nunca hablar de lo que te molestaba. Todo esto te iba cansando más y más.

Yo: También pensé que las dos éramos muy parecidas, pero con el tiempo me di cuenta de que, en realidad, somos muy diferentes; discutíamos muy a menudo. Cuando me dijo lo que pensaba del libro, sentí que me estaba atacando a mí. En otras ocasiones, para evitar sentirme herida por ella, me amoldaba a lo que ella pensaba o desaparecía de su vida durante un tiempo. Ahora que lo pienso podría haber sido un poco más honesta con ella, aunque nuestra relación se volviera un tanto incómoda…

Psiquiatra: Aunque haya muchos tonos grises, tú solo ves un único color, un único tono, lo que te hace llegar a conclusiones precipitadas.

Yo: Me avergüenzo mucho de eso. Siempre pienso que las personas tenemos muchas caras, somos tridimensionales, pero aun así sigo viendo a los demás de una forma muy simplista, muy plana. Cuando observo a una persona, automáticamente pienso «Esta persona es este tipo de persona», la juzgo, la evalúo y eventualmente me alejo; y cuando me alejo es como si nunca hubiera formado parte de mi vida.

Psiquiatra: Todo lo que expresas se podría extrapolar a otra circunstancia. Por ejemplo, digamos que te gustan los libros de un autor, pero un día conoces al autor personalmente y te decepciona, te cae mal. Por lo que cuentas, lo que harías en esa situación sería tirar todos los libros que has leído de este autor.

Yo: Sí, exacto. Tiraría todos sus libros y olvidaría todo lo que me llegó a gustar de ellos. Si lo pienso fríamente, en realidad el autor podría simplemente estar teniendo un mal día cuando lo conocí.

Psiquiatra: El problema no es solo que juzgues a todo el mundo, sino que los estándares con los que juzgas al resto también los aplicas cuando te juzgas a ti misma. Es como la decepción que sientes después de beber.

Yo: Si desvelo algo vulnerable de mí misma, siento que las personas a mi alrededor me van a odiar y se van a alejar de mí. Sin embargo, cuando pienso en las personas que quiero, me doy cuenta de que en ellas coexisten muchas caras, muchos aspectos: lo bueno, lo malo, lo sensible... Aunque tengan algo que no me guste, sigo queriéndolas, porque son personas que me importan. Pero cuando se trata de mí, al mínimo defecto que encuentre, pienso que la gente me va a abandonar y empiezo a preocuparme, casi me obsesiona: intento minimizar todos mis defectos al máximo.

Psiquiatra: Todo lo que comentas puede ser causado por tu baja autoestima. Si tuvieras una autoestima alta y estuvieras segura de tus gustos, no te importaría si la gente te critica o se burla de ti, no estarías tan preocupada por si te abandonan o no.

Yo: Ya… Debo tener muy poca confianza en mí misma para estar preocupándome por cosas así; como si el que me juzguen importara, cambiara algo en mi vida… Es obvio que no tengo mucha autoestima, y esto hace que sea más influenciable por mi amiga. Nada en mí es sólido, todos mis fundamentos tiemblan como gelatina, así que siento las palabras de otros como un ataque hacia mí, y aunque haya diferentes maneras de ver algo, solo puedo pensar en si es «correcto» o «incorrecto».

Psiquiatra: ¿Ha pasado algo más de lo que quieras hablar?

Yo: Me he dado cuenta de algo sobre mí misma: igualo el afecto a la capacidad de influencia. Mis raíces son débiles y superficiales, así que solo me siento segura cuando tengo una capacidad de control sobre la otra persona. Cuanta más influencia tenga en otra persona, más pienso que me ama y que nuestra relación es fuerte.

Pero una relación fuerte, sana y una enredada y tóxica son cosas totalmente diferentes. Mientras que racionalmente entiendo que una relación sana son dos personas independientes que deciden estar juntas, emocionalmente siento que si la otra persona no está extremadamente influenciada por mis palabras (si no le conmueve lo que digo, si no me obedece, si no se adapta a mis gustos), no me quiere y eventualmente me va a abandonar.

Psiquiatra: Pensar así puede alimentar tu búsqueda de validación. Cuanto más quieras influenciar, más esfuerzos harás para ejercer un control en la otra persona; y si la otra persona no reacciona a estos esfuerzos, más te vas a esforzar. Finalmente, acabas agotándote a ti misma. Todo lo que comentas es, de nuevo, tu tendencia a pensar y actuar en extremos. «Debo controlar a la otra persona para que me ame», ¿no crees que es un pensamiento muy extremo?

Yo: ¿Entonces qué puedo hacer para cambiarlo?

Psiquiatra: Debes centrarte en ti. Intenta escribir detalladamente qué es lo que te gusta de ti misma, las diferencias entre cómo te ves y cómo crees que te ven los demás. Tal vez también te ayudaría pensar en cosas que harías incluso bajo la mirada y el juicio de los demás.

Yo: Pero yo siempre hago todo lo que quiero hacer. Siempre hago lo que quiero, esté con quien esté.

Psiquiatra: ¿Verdaderamente te comportas igual con todo el mundo?

Yo: Tal vez no igual; creo que cambié mi manera de ser con esa amiga. No sé por qué lo hice. Me di cuenta de que me comportaba de una forma que no era propia de mí, y si intentaba actuar de otra forma, sentía que estaba siendo maleducada.

Psiquiatra: ¿Y si el ser maleducada es simplemente expresar lo que sientes? En lugar de pensar tanto en cómo te ven los demás, intenta tomar más iniciativa en conocerte a ti misma, en ser fiel a cómo te sientes. Ahora mismo tus relaciones son estrechas, como un triángulo, y te apuñalan constantemente; encontrar la manera de convertir este triángulo en algo más parecido a un círculo, por ejemplo, un octágono, te podría ayudar. Cuantas más relaciones profundas y diversas tengas, más redonda se volverá tu mente, tu forma de ser, y menos sentirás estas punzadas. Intenta conocerte mejor, ser fiel a tus estándares, a lo que buscas de tus relaciones. No te preocupes, estarás bien.

Yo: (Llorando). Gracias.

LA VERDAD SOBRE ESE DÍA
Y LA VERDAD DE LA VIDA

«En realidad, nadie me estaba despreciando, era
yo misma la que me despreciaba».

«Los humanos somos seres tridimensionales», esto es posiblemente lo que más me gusta decir; pero también es lo que menos recuerdo. Todos tenemos muchas caras, la felicidad y lo miserable coexisten, y todo es relativo. En realidad, nadie me estaba despreciando, era yo misma la que me despreciaba. Cuando leí de nuevo los mensajes con mi amiga comprendí que podría haber ignorado su comentario, no era tan grave. Pero como yo estaba convencida de que ella me menospreciaba, el mensaje que envió cobró otro significado. Así que la provoqué con una respuesta directa y maleducada, algo a lo que ella no pudiera reaccionar. Lo hice para acabar con nuestra amistad, para hacer que se alejara de mí.

Espero que las personas extremas como yo, las que ponen fin a sus relaciones porque piensan que están siendo menospreciadas, puedan leer esto. Todos tenemos muchas caras, todos tenemos buenos y malos días, eso es todo. No podemos terminar o continuar nuestra relación con alguien solo por una discusión. Racionalmente lo entiendo, pero el entendimiento no se filtra, no se derrite, no se incrusta en mi corazón. La infelicidad, como el aceite, flota y se adueña de lo superficial; retiene a la felicidad en el fondo del vaso. Pero el recipiente que acoge estas dos contradicciones es lo que llamamos vida. Estoy triste, pero estoy viva. Esto es lo que me consuela.

Semana 8
Efectos secundarios

Me gustaba estar sola. Estar en mi habitación leyendo un libro, pensar, pasear, escuchar música en el metro o en el bus, la siesta; eran mis momentos favoritos del día. Pero durante las últimas semanas me he inundado, todo mi cuerpo se ha espesado de algo que se llama «aburrimiento».

Nunca he pensado que las horas en el trabajo pudieran hacerse tan largas. No poder concentrarme en nada y no tener más remedio que esperar, sentada en mi silla, fue horroroso. Finalmente decidí tomarme el viernes libre. Pero, aunque estuviera en casa, estaba muy angustiada y no podía soportar el tedio. Entonces sospeché que podría estar sufriendo ciertos efectos secundarios de la medicación, fui al médico y me lo confirmaron. Me sentí abatida. La medicación me había provocado acatisia.

«Acatisia» se podría definir como la incapacidad de permanecer sentado, sentir el impulso constante de moverse. Es un efecto secundario que se manifiesta ocasionalmente en personas que toman tranquilizantes.

Yo: ¿Es posible que el cuerpo no tolere la medicación?

Psiquiatra: Sí, hay algunos medicamentos a los que el cuerpo se puede resistir.

Yo: En mi caso, ¿hay alguna probabilidad de que me esté pasando eso? Cuando tomo la medicación, en general me siento más tranquila y relajada, pero últimamente estoy muy inquieta. En un principio pensé que era solo aburrimiento. Hace más o menos un mes que no puedo concentrarme en nada del trabajo; si no encuentro nada que hacer, no puedo soportar la sensación de tedio que me invade. Incluso me pasa en la media hora que estoy en el bus. ¿Esto es un efecto secundario?

Psiquiatra: Sí, seguramente sí lo es. La semana pasada te aumenté la dosis un poco, puede ser por eso. Te resulta difícil estarte quieta, ¿verdad?

Yo: Sí, mucho. Mucho, mucho, mucho.

Psiquiatra: Deberías haberme llamado.

Yo: Pensé que no me gustaba trabajar sencillamente porque estaba aburrida. Pero después, de repente, me percaté de que podían ser efectos secundarios.

Psiquiatra: Desde la semana pasada estás tomando una pastilla entera en lugar de media, seguramente es debido a eso que tienes estos efectos secundarios.

Yo: Me siento muy mal.

Psiquiatra: ¿Duermes bien?

Yo: A menos que me tome un somnífero o beba algo de alcohol, el nerviosismo y el aburrimiento no me dejan dormir. Si consigo dormirme, me despierto muy fácilmente; tengo la sensación de estar volviéndome loca. Solo consigo dormir un poco si me emborracho.

Psiquiatra: El alcohol puede mitigar los efectos secundarios del medicamento que estás tomando.

Yo: Tuve la sensación de ser dependiente a los somníferos, o al alcohol.

Psiquiatra: Debe haber sido muy difícil.

Yo: Sí, bastante. Es una sensación diferente a la que tenía cuando estaba deprimida. Ahora me cuesta mucho reaccionar a lo que me rodea. Desde que empecé a tomar esta medicación, tampoco puedo dormir la siesta. Si me duermo, mi sueño es tan débil, tan superficial, que no puedo distinguir entre si estoy verdaderamente durmiendo o no.

Psiquiatra: Te daré una pastilla. ¿Cómo te encuentras emocionalmente?

Yo: Estoy un poco sensible.

Psiquiatra: Es natural que estés algo sensible. ¿Has hecho algo de deporte?

Yo: No, nada. Solo camino de vuelta a casa después de terminar el trabajo; me hace sentir un poco mejor. Cuando estoy en el trabajo no paro de salir fuera, siempre estoy muy inquieta, tengo que estar moviéndome constantemente. ¿Por qué no me dijiste que la medicación podía tener efectos secundarios?

Psiquiatra: Ya estabas tomándote la pastilla, y nunca antes habías tenido ningún problema con la medicación. Lo único que hicimos fue aumentar la dosis un poco, lo que raramente provoca efectos secundarios. También estás tomando medicación por las mañanas y noches, se supone que esta medicación mitiga los posibles efectos secundarios. ¿Te sientes un poco mejor al tomarte la pastilla de la mañana?

Yo: Un poco. Pero después tengo mucho sueño. Lo he pasado bastante mal esta semana. Lo único que hay escrito en mi diario es: «Estoy muy nerviosa y no puedo soportar el aburrimiento que siento constantemente».

Psiquiatra: ¿Por qué crees que te sentías así?

Yo: Al principio pensé que de repente me había convertido en una persona activa. Siempre me ha gustado estar sola, pero incluso cuando llegaba a casa y al final lo estaba después de todo el día en el trabajo, automáticamente comenzaba a aburrirme de nuevo. Estoy muy sensible y siento que mi relación con todo el mundo a mi alrededor se está deteriorando.

Psiquiatra: No te encuentras bien, por eso estás tan sensible. Cuando viniste hace dos semanas aumenté la dosis de tu medicación para evitar que volvieras a caer en tu tendencia a pensar de manera negativa y en extremos, pero no pude predecir que tu cuerpo reaccionaría de esta forma.

Yo: ¿Crees que es algo que se puede controlar?

Psiquiatra: Sí, claro.

Yo: Si no tomo la medicación, me pongo muy nerviosa; me angustia mucho la posibilidad de estar medicándome durante toda mi vida.

Psiquiatra: Han pasado un poco más de tres meses desde que comenzaste a tomar la medicación. Normalmente el tratamiento que recibes depende mucho de los síntomas que tienes, cuanto más breve es el tiempo desde que empezaste a tener síntomas, más corto es el tratamiento. Creo que en tu caso deberías intentar pensar que no será un tratamiento corto.

Yo: Ya... Siento que siempre hablo de lo mismo y que tú siempre me dices lo mismo. Como mis tendencias no cambian, sigo encontrándome los mismos problemas una y otra vez.

Psiquiatra: Lo que acabas de decir es muy importante. Antes no tenías consciencia de todos estos comportamientos, pero ahora sí. Advertir que tomas las mismas decisiones una y otra vez, que sigues pensando de la misma forma, es una señal de estar mejorando.

Yo: Es todo culpa de mi tendencia a pensar en extremos, de no ver el gris de las cosas. He decidido intentar tomar al menos una decisión que no esté dictada por mi manera de pensar; no quería terminar mi relación con mi amiga de una forma tan violenta, así que decidí hablar con ella y explicarle todas estas tendencias que tengo. Le dije que pensé que me estaba menospreciando, y que estoy tan acostumbrada a pensar en extremos, que en esa situación las únicas opciones que vi fueron o intentar entenderla o simplemente acabar con nuestra amistad. Después de sincerarme con ella me sentí mucho mejor, y hemos hecho las paces.

Psiquiatra: Qué bien, me alegro. Por lo que comentas, tu amistad con esta chica es algo que nunca has experimentado con otra persona. Intentar solucionar un conflicto tal y como tú lo has hecho demuestra que estás dispuesta a asumir tu parte de responsabilidad; al mismo tiempo, puede hacer que te sientas más libre. Deberías estar orgullosa de haber podido hablar con ella. Creo que podrías considerar muchas cosas que te han ido pasando recientemente como simple consecuencia de los efectos secundarios, por ejemplo, este mismo conflicto.

Yo: Me siento aliviada al hablar de esto. No he podido trabajar nada durante toda la semana. Son unos efectos secundarios horribles.

Psiquiatra: El término médico es acatisia.

Yo: El nerviosismo que sentía me empujaba a hacer cualquier tarea. Ahora estoy trabajando en el sector de *marketing*, pero desde hace un tiempo estoy pensando en trabajar en el sector editorial, así que comencé a tomar clases de edición.

Psiquiatra: ¿Pudiste hacerlo? ¿Te pudiste concentrar bien?

Yo: Fue un poco difícil. Lo que me permitió poder concentrarme fue el hecho de que antes de cada clase tomaba algo de alcohol. Pero me gusta mucho planear libros. He escrito unas tres páginas de un proyecto, y estoy muy entusiasmada. También estoy planeando el libro que escribiré yo. Todo esto me ha consolado un poco.

Psiquiatra: ¿Crees que el querer hacerte un tatuaje también es consecuencia de los efectos secundarios?

Yo: No lo sé. Lo del tatuaje lo planeé hace un tiempo, pero sí que estaba un poco impaciente en el momento. Pensaba algo como: «Simplemente hazlo y ya».

Psiquiatra: ¿Solo te has tatuado un brazo?

Yo: Sí.

Psiquiatra: Me gustaría preguntarte algo: cuando quieres estar segura de lo que alguien siente por ti, ¿qué método usas?

Yo: Simplemente digo que estoy angustiada. A veces pregunto directamente: «¿Te gusto?» o le digo: «No estoy segura de lo que piensas sobre mí, estoy un poco angustiada».

Psiquiatra: Por lo menos lo expresas. La medicación que estás tomando ha tenido mucho efecto en ti, tanto física como mentalmente.

INCLUSO EN UN PEQUEÑO SENTIDO

«Antes no tenías consciencia de todos estos comportamientos, pero ahora sí. Advertir que tomas las mismas decisiones una y otra vez, que sigues pensando de la misma forma, es una señal de estar mejorando».

Siempre he considerado el dolor como una molestia. Antes tenía el hábito de analizarme a mí misma siempre que estaba dolida (mis palabras, mi postura corporal, mis tonos). Me importaba más cómo me veían los demás que el estar pasándolo mal. Odiaba el sentimiento de estar quejándome por algo que era más o menos soportable; mi propio dolor me avergonzaba. Como consecuencia de esto, durante mucho tiempo ignoré los efectos secundarios de la medicación.

Siempre me he considerado una persona infeliz, y sé que eso es una manera de tener lástima por uno mismo, pero hoy he decidido consolarme. Cuando algo me duele, no puedo expresarlo, ni sentirlo; solo lo admito cuando siento cómo en mi cuerpo y mi mente crece una pesadez inaguantable. Cuando reconozco el dolor, me culpo a mí misma de sentirlo. Soy una diana: incluso cuando corro y me lanzo hacia los otros, la que acaba recibiendo todos los dardos soy yo misma. Cuanto más intento dañar a los demás, más crece mi propia herida. Aun así, creo que esta semana ha sido especial: he intentado liberarme de mis pensamientos extremos y he comprendido que todos los síntomas que estaba teniendo eran consecuencia de los efectos secundarios.

Semana 9
Obsesión con la apariencia física y trastorno histriónico de la personalidad

Psiquiatra: ¿Cómo estás?

Yo: Un poco mejor. (Ya no tengo tantos efectos secundarios).

Psiquiatra: ¿Cómo ha reaccionado la gente a tu alrededor?

Yo: La semana pasada les comenté a mis compañeros que estaba pensando en dejar el trabajo. También hablé sobre los efectos secundarios de la medicación con mi amiga, y ella me dijo que, al verme tan mal, simplemente pensaba que estaba teniendo problemas en la empresa. Le pregunté a mi nueva pareja si había estado muy sensible últimamente, me dijo que no, que para nada. Me hizo sentir mejor.

Psiquiatra: La semana pasada debió ser bastante agotadora, ¿verdad?

Yo: Sí, mucho. Ya no tengo tantos efectos secundarios, pero sigo odiando ir a trabajar.

Psiquiatra: ¿Ha pasado algo en el trabajo?

Yo: No, nada especial. Hoy quería hablar de algo sobre lo que no he hablado con nadie más. Desde fuera puede parecer que no sea nada grave, pero para mí es un complejo importante. No tengo una autoestima muy alta, así que pienso mucho en cómo me muestro ante los demás. Me avergüenza un poco decirlo, pero tengo una obsesión con mi apariencia física, no me gusta cómo me veo. Digo que es un complejo importante porque me impide hacer muchas cosas. Por ejemplo: no quiero conocer a los amigos de mi pareja porque tengo miedo a que juzguen mi cara.

Psiquiatra: Cuando te fijas en la apariencia de los demás, ¿también piensas cosas similares?

Yo: ¿Te refieres a que si juzgo la apariencia de los demás?

Psiquiatra: Sí.

Yo: Sí, mucho. Los demás juzgan mi cara, así que es natural que yo haga lo mismo.

Psiquiatra: ¿Qué quieres decir con que los demás juzgan tu cara?

Yo: Suena un poco extraño, pero siento que es algo que se me hace, es algo sobre lo que no tengo ningún control. Es muy violento, siento físicamente cómo las palabras, los pensamientos de otros me cortan la piel. Sé que dicho así suena extraño y desordenado, pero intentaré decir lo que me salga, sin censurarme.

Las mujeres a mi alrededor tienden a decir que soy muy guapa, pero los hombres no. No les gusto mucho, a los hombres. Por ejemplo, cuando me presentan, las mujeres dicen algo como: «Sehee es la más guapa de nuestra empresa». Yo lo odio, porque pone la atención en mi cara y siento cómo los demás empiezan a juzgarme. El verano pasado quedé con una amiga y su amigo. Mi amiga me presentó como la chica más guapa de la empresa. Yo le dije: «¿Por qué dices eso? ¡No es verdad!». Mi amiga dijo: «¿Qué pasa? Es algo subjetivo» y en seguida cambió de tema. Pero el chico me humilló. «¿Dicen que eres la más guapa de la compañía?», dijo algo así, lo dijo como burlándose de mí.

Psiquiatra: ¿Sentiste que se estaba burlando de ti?

Yo: Sí. Después añadió: «Bueno, no eres mi tipo». Noté cómo la rabia me subía a la garganta. Hay otras muchas situaciones similares a esta, así que he llegado a la conclusión de que mi cara no debe ser muy atractiva para los hombres. Pero es algo que cuesta aceptar, lo odio, me hace sentir mal conmigo misma y se ha convertido en un complejo. ¿Me explico?

Psiquiatra: Sí, te explicas.

Yo: ¿Entonces por qué me estás mirando así? (Lo digo de manera brusca).

Psiquiatra: No, por nada. Es un poco complicado.

Yo: Mi pareja dice que soy su tipo ideal, eso debe significar que piensa que soy guapa, ¿verdad? Habla de mí con todo el mundo, sus amigos y conocidos; así que siento cada vez más resistencia a conocer a estas personas.

Ayer fui a pasear con mi perro y pasé por su casa. Mi pareja vive con dos compañeros de piso. Yo pensaba que en casa no habría nadie, pero estaban todos. Ese día no llevaba nada de maquillaje; mi corazón latía muy rápido y cuando abrí la puerta no pude ni mirarlos a los ojos. Solo saludé y me fui. Después le envié un mensaje a mi pareja diciéndole que me había ido tan rápido porque de repente tenía mucha vergüenza. Me dijo: «Ya me lo imaginaba. Había mucha gente, ¿verdad?». Después de que me dijera eso me sentí muy avergonzada, quería que se abriera un agujero en el suelo y me tragara.

Psiquiatra: ¿Crees que debes satisfacer todas las expectativas sobre tu apariencia?

Yo: El ser atractivo es algo subjetivo, así que eso sería imposible. Racionalmente soy consciente de esto, pero no lo puedo interiorizar. Me obsesiona lo que los demás piensan de mi apariencia, y me critico a mí misma muchísimo. Ni siquiera los famosos pueden gustarle a todo el mundo. ¿Quién pienso que soy yo para creer que todos me tienen que decir que soy guapa? Soy consciente de que no tiene sentido. Lo odio, pero por alguna razón, no puedo cambiar la manera en la que pienso.

Psiquiatra: ¿Qué piensas de tu apariencia? Antes has dicho que las mujeres piensan que eres guapa pero que no les gustas a los hombres. ¿Eso quiere decir que defines tu apariencia a través de cómo los hombres te ven?

Yo: Sí, por eso no me gusta mi cara.

Psiquiatra: ¿Has llegado al extremo de pensar en hacerte alguna operación estética?

Yo: Quería hacerme una rinoplastia y una reducción de mandíbula.

Psiquiatra: ¿Fuiste a alguna clínica a consultarlo?

Yo: Sí, hice todas las consultas.

Psiquiatra: Entonces, ¿qué te detuvo?

Yo: Pensé: «¿De verdad tengo la necesidad de pasar por todo esto? ¿Y si intento aceptarme tal y como soy?».

Psiquiatra: ¿Alguna vez has pensado que no estás tan mal? ¿Que eres atractiva?

Yo: A veces, pero no mucho. Esta semana también me he apuntado a un taller de escritura con algunos amigos. Mis amigos no son gente para la que tenga que estar guapa todo el tiempo, así que normalmente estoy cómoda con ellos y no llevo mucho maquillaje. Pero la semana pasada volví a sentirme insegura cuando dos de mis amigos comenzaron a tratar a mi amiga mucho mejor que a mí. Ella es bastante guapa, así que pensé: «Mi amiga les debe gustar a los dos. ¿Pero por qué yo no les gusto? Debo ser muy fea y aburrida». Me sentí miserable y el resto de la sesión fue horrible. (Mientras escribo esto me avergüenzo muchísimo. Parece que esté loca). Me odié a mí misma por pensar así.

Y otra cosa extraña es que cuando conozco a gente nueva, siento que me voy a volver loca si no soy el foco de atención en todo momento. En lugar de juzgar a los hombres, siento que espero a ser juzgada, pasivamente.

Y lo más raro es que, aunque no tenga ningún interés en un hombre, quiero gustarle. Todo esto suena horroroso, qué patético.

Psiquiatra: ¿Y si es al contrario? ¿Qué pasa cuando estás entre mujeres que no conoces y nadie te presta atención, nadie habla sobre tu apariencia?

Yo: Entonces no me importa.

Psiquiatra: ¿De verdad?

Yo: De verdad.

Psiquiatra: ¿Y si elogian a alguien y a ti no?

Yo: Ah, entonces estoy celosa. Sí, me pongo celosa. Es verdad, también me pasa algo similar con las mujeres, de ahí que les tenga envidia a mis compañeras de trabajo.

Psiquiatra: ¿Es por eso que intentas arreglarte todas las mañanas?

Yo: No, en realidad no me arreglo mucho. Seguro que no hay nadie como yo entre tus pacientes, es muy raro lo que me pasa.

Psiquiatra: Al contrario.

Yo: ¿Hay más gente así? ¿Hay más personas con problemas similares? Ahora mismo tengo mucha vergüenza de haber hablado de todo esto.

Psiquiatra: Me imagino. Hay gente que simplemente no le presta mucha atención, y otros dan rodeos para hablar de lo mismo que estás hablando tú.

Yo: ¿Soy demasiado directa?

Psiquiatra: Eres directa, pero no demasiado. Hay personas que se centran en su apariencia, otros se obsesionan con la atención de los demás.

Yo: Sí, puede ser. Yo tengo dos complejos principales: mi apariencia y mi personalidad. Creo que no tengo chispa.

Psiquiatra: Sí que tienes chispa, si no fuera así, no recibirías nada de atención. Tal vez el verdadero problema es la incomodidad que sientes cuando te apartas un poco del foco de atención, ¿no crees?

Yo: ¿Por qué soy así? Quiero dejar de ser así.

Psiquiatra: ¿Has oído hablar del trastorno de personalidad histriónica? (Trastorno de la personalidad caracterizado por una exageración de las emociones para captar la atención de los demás).

Yo: No, nunca. ¿Eso es lo que tengo?

Psiquiatra: Pareces tener una tendencia a ello. Intentas ser el centro de atención sea donde sea que estés.

Yo: Sí, sí, sí. Es exactamente esto. Siempre busco que el foco esté en mí.

Psiquiatra: Normalmente este tipo de trastorno se manifiesta de dos formas. Hay personas que para ser más atractivas visten ropa reveladora o comienzan a hacer mucho deporte. Hay otras personas que, si ven que no son el centro de atención, piensan que la gente las odia y se critican a sí mismas por ello.

Yo: Entonces yo debo ser lo segundo.

Psiquiatra: Sí. El hecho de que seas consciente de esto significa que también eres consciente de que tiendes a recibir mucha atención. Para la mayoría es difícil percatarse de ello.

Yo: Soy muy consciente. Soy tan consciente que cada palabra, cada comentario suena como un trueno, como una tormenta repentina. Por ejemplo, en el taller de escritura me quité las lentillas y decidí llevar las gafas. Sorprendentemente la reacción de mis amigos fue muy positiva. Uno me dijo: «Guau, eres muy mona con gafas. Deberías llevarlas siempre». Pero eso significa que si no llevo gafas soy fea.

Psiquiatra: ¿Cómo has llegado a esa conclusión?

Yo: Es un poco extrema, ¿verdad? Bueno, de todas formas, ese comentario me sentó mal. Después nos hicimos una foto en grupo y una amiga me dijo que era mucho más guapa en persona que en la foto. Le enseñó la foto a un chico y le preguntó: «¿No crees que es mucho más guapa en persona?». Él dijo: «Yo la veo igual». Hubo alguien que dijo que salía muy guapa en la foto. Toda esta situación me molestó bastante.

Psiquiatra: ¿No estabas de acuerdo con ellos?

Yo: Pensé que salía un poco rara en la foto. Entonces pensé: «Si salgo rara, es que soy fea».

Psiquiatra: ¿Que no salgas bien en una foto significa que eres fea?

Yo: Sí. ¿Por qué soy tan extrema? Para mí todo es o blanco o negro. Me quiero morir.

Psiquiatra: Pero siempre escondes esta tendencia, ¿verdad?

Yo: ¿Qué quieres decir con que siempre la escondo?

Psiquiatra: ¿Tal vez la intentas esconder porque eres consciente de ella, porque sabes perfectamente que la tienes?

Yo: La gente suele decir que soy muy honesta. Pero yo he reflexionado sobre esto y me lo he cuestionado, ¿verdaderamente soy tan honesta como aparento? Me he dado cuenta de que precisamente esta obsesión con mi apariencia es algo de lo que no puedo hablar con nadie. Hoy quería hablar de todo esto. Siempre lo he escondido, he pretendido que no existe.

Psiquiatra: No es fácil admitirlo. ¿Recuerdas las quinientas preguntas que respondiste en nuestra primera sesión? Era un test de personalidad, y no había ningún indicio de esta tendencia en los resultados. Por eso antes he comentado que lo escondes. No me lo esperaba.

Yo: ¿Qué es exactamente lo que no te esperabas?

Psiquiatra: La obsesión con tu apariencia.

Yo: Eso significa que soy una experta escondiéndolo.

Psiquiatra: Sí. (Se ríe). Por lo que comentas, temes la posibilidad de que alguien diga que no eres guapa. Tal y como tú misma has expresado, no ser guapa significa ser fea.

Yo: Sí. También me pasa con mi personalidad. El no caerle bien a alguien equivale a no tener encanto, a no tener chispa.

Psiquiatra: Todo lo que comentas, ¿no te parece algo familiar? ¿Algo que ya has sentido en otras ocasiones?

Yo: ¿El qué?

Psiquiatra: Tu extremismo, tu manera de pensar en blanco y negro, sin grises.

Yo: Sí, es lo de siempre.

Psiquiatra: A todo el mundo le gustaría ser el protagonista, el centro de atención; aunque también hay gente que está satisfecha con un papel secundario. Pero por lo que comentas, parece que para ti solo existen los papeles protagonistas y los extras. En el momento en el que dejas de ser la protagonista...

Yo: Me convierto en una simple extra.

Psiquiatra: Exacto. Piensas que todo el mundo se olvida de ti, que nadie sabe de tu existencia, que nadie sabe quién eres.

Yo: Dicho así verdaderamente parece muy extremo. ¿Por qué soy así? (Siento que siempre repito lo mismo y hablo de lo mismo. Hablo y olvido, olvido y hablo).

Psiquiatra: Es difícil responder a esa pregunta. La perspectiva que tienes de ti misma es muy limitada; te es imposible observarte desde varios ángulos, así que te ves obligada a escoger una sola perspectiva, y es siempre la más estricta contigo misma. Es lo que te resulta más cómodo, a lo que estás más acostumbrada.

Yo: Es un poco difícil de entender, pero voy a ser lo más honesta posible. Hoy escribiré mis notas sobre nuestra sesión para intentar entenderlo mejor. Honestamente, tengo miedo a que mi pareja deje de idealizarme y se dé cuenta de lo fea que soy si sus amigos piensan que no soy guapa.

Psiquiatra: ¿Le harás magia negra para obligarle a pensar que eres fea?

Yo: No, es simplemente que al principio de una relación todo el mundo idealiza a su pareja.

Psiquiatra: ¿Tú también?

Yo: Sí, claro. Ah, acabo de entender lo que quieres decir. Lo que sientes por alguien no cambia con lo que otros piensan.

Psiquiatra: Volvamos a lo que te he preguntado antes. ¿Has oído hablar del trastorno de la personalidad histriónica?

Yo: ¿Yo tengo eso?

Psiquiatra: No exactamente. Como te dije, tienes una tendencia a eso, pero no coincides con todos los síntomas. No pasa nada si te alejas un poco del centro de atención; pero por lo que comentas, pareces tener la sensación de que alguien te agarre del cuello y te empuje para abajo, violentamente. Creo que tus miedos son desproporcionados si los comparas con la realidad. Podría ser una forma de obsesión.

Yo: Se me da muy bien tratarme mal a mí misma. Sé que no soy fea, pero tampoco soy guapa. Soy normalita, y me odio más por eso.

Psiquiatra: Hay celebridades que dicen lo mismo.

Yo: ¿Como quién?

Psiquiatra: El mismo Jang Dong-gun, por ejemplo. Una vez dijo: «Mi cara es muy ordinaria».

Yo: Suena ridículo.

Psiquiatra: Se puede pensar así de uno mismo, es algo normal. Lo que acabas de decir sobre ti se puede parecer a lo que Jang Dong-gun dijo de él mismo. Si alguien te considera una persona muy atractiva y escucha lo que piensas de ti, se puede interpretar como una falsa humildad.

Yo: ¿Qué tengo que hacer para dejar de pensar así?

Psiquiatra: ¿Crees que te puedes forzar a dejar de pensar así?

Yo: Recuerdo una temporada en la que salía a la calle sin arreglarme mucho porque quería liberarme de la sensación de ser juzgada. Nunca me maquillaba y solo vestía ropa holgada. Sentía que nada me podía herir y estaba muy cómoda conmigo misma.

Psiquiatra: ¿Alguien te llegó a prestar atención?

Yo: No, creo que no.

Psiquiatra: ¿Nadie te dijo algo como: «Hoy estás guapa»?

Yo: Ah, sí, sí, eso sí. Pasó una vez.

Psiquiatra: Entonces, ¿hasta qué punto debes ser fea para que no te hagan caso?

Yo: Ya... También recuerdo que hubo un tiempo en el que me gustaba más estar entre mujeres que entre hombres.

Me sentía muy cómoda; no había hombres, así que no me importaba lo que pensaran los demás. No sentía la obligación de estar atractiva en todo momento; me daba igual si les caía bien o mal, si era amable o estúpida. Creo que psicológicamente fue una época muy agradable.

Psiquiatra: De la misma forma que piensas que no eres fea pero tampoco guapa, también puedes pensar: «No estoy ni en un extremo ni en el otro, pero si midiésemos mi posición en una escala de lo atractivo, parece que estoy en una posición un poco más alta. Tampoco estoy tan mal».

Yo: ¿Crees que puedo llegar a pensar así?

Psiquiatra: Y desde esa posición puedes incluso pensar: «Yo me considero de esta forma; pero todo el mundo tiene unos estándares diferentes, así que uno puede pensar una cosa y otro otra».

Yo: Siempre intento pensar así; me conozco la teoría. Pero en situaciones inesperadas como la de conocer a los amigos de mi pareja, todo se me olvida.

Psiquiatra: Es natural sentirte presionada en una situación así. Piénsalo al revés: imagina que fueras tú la que no para de hablar de tu pareja con todo el mundo, ¿no crees que también se angustiaría al conocer a tus amigos? Pero el problema es que crees que debes satisfacer las expectativas que otros tienen sobre ti.

Yo: (Estoy tan frustrada que siento el impulso de arrancarme los pelos de la cabeza). ¿Pero qué expectativas? ¿Por qué siento que todo el mundo no para de pensar en mí?

¿Quién soy yo para que la gente esté tan pendiente de mí? No tiene sentido.

Psiquiatra: No creo que sea un problema que se pueda solucionar así como así. Quizá deberías intentar gustarte más a ti misma. Habrá días que tendrás ganas de ponerte guapa, y habrá otros en los que saldrás a la calle sin maquillaje y pensarás algo como: «Venga ya, júzgame».

Yo: ¿Y qué hay de las ansias que tengo de ser el centro de atención?

Psiquiatra: Por lo que comentas, tienes miedo a perder la atención que cae sobre ti, pero en realidad, no creo que verdaderamente la quieras. Como he dicho antes, si verdaderamente la quisieras, se manifestaría en tu comportamiento y en tu apariencia; vestirías ropa reveladora o estarías cubierta de tatuajes, cosas así.

Yo: Y yo ni visto ropa reveladora ni estoy cubierta de tatuajes.

Psiquiatra: Exacto. Solo tienes miedo a abandonar el centro de atención, a que alguien te lo arrebate. Tampoco creo que sea necesario que pienses cosas tan negativas como: «No puedo desvelar esta parte de mí, lo debo mantener en secreto».

Es imposible salir de casa siempre arreglado. A veces vestimos cualquier cosa y no prestamos especial atención a nuestra apariencia; hay días que nos arreglamos, hay otros que no. Es una situación que cambia constantemente, que nunca es igual; así que no debes torturarte pensando «Si la gente me ve así, ¿qué va a pensar?». Habrá ocasiones en las que decepcionarás a los demás, es inevitable. Cuando pienses que alguien ya no siente lo mismo por ti, o si de repente notas que se comporta de una manera diferente, puedes llegar a pensar cosas como: «¿Ya no le intereso? ¿Ya no le caigo bien?». Pero eso automáticamente no pasa a significar que te odien o que eres fea, tal vez sencillamente tienen un mal día.

Yo: He estado pensando de esta forma durante toda mi vida, así que me cuesta reconocer mis pensamientos extremos, me olvido de intentar pensar de otra forma. Me comentaste que me podría ayudar intentar ver las cosas en tonalidades grises. Con lo que acabas de decir, ¿me estás intentando hacer ver que debería aplicar esa teoría aquí también?

Psiquiatra: Bueno, creo que puede haber muchas formas de cambiar tu modo de pensar. De todas formas, lo importante a recordar es que todo el mundo va a tener una perspectiva diferente sobre ti.

Yo: Siempre me han gustado las caras que son totalmente contrarias a la mía. No sé si es verdaderamente mi gusto o si estoy intentando mirar esas caras desde la perspectiva de un hombre.

Psiquiatra: Igual es sencillamente porque tienen rasgos muy diferentes a los tuyos, por eso te gustan.

Yo: Quiero gustarme a mí misma, pero mi idea de lo atractivo son rostros totalmente diferentes al mío, así que me es difícil mirarme con buenos ojos. A veces me miro al espejo y me veo guapa, pero cuando alguien me hace un cumplido, mi reacción inmediata es negarlo.

Psiquiatra: Seguramente las personas con el tipo de rostro que a ti te gusta serán atractivas, y habrá personas con un tipo de rostro que no será tu preferido que también serán atractivas.

Yo: Entonces todo esto es, de nuevo, mi tendencia a pensar en extremos.

Psiquiatra: Es solo tu preferencia. Lo importante es que puedas hablar de lo que sientes respecto a tu apariencia. El simple hecho de hablar de ello ya muestra una cierta valentía por tu parte. Ahora seguro que te sientes más cómoda.

Yo: Sí, ahora estoy muy relajada.

Psiquiatra: Cuando intentas mantener en secreto algo sobre lo que tienes miedo, el miedo crece. En lugar de sufrir en silencio, una mejor alternativa sería compartirlo con alguien, como has hecho ahora conmigo. Y sobre los amigos de tu pareja, si no los quieres conocer, no tienes ninguna obligación a hacerlo.

Yo: Tengo miedo a que me juzguen. Tengo miedo a que piensen que no soy guapa.

Psiquiatra: ¿Y si simplemente intentas decepcionarlos desde un primer momento? Al menos no tendrás miedo a la posibilidad de decepcionarlos, ¿no?

Yo: Bueno, si lo piensas así no parece muy descabellado.

Psiquiatra: Porque si de primeras te dicen: «Guau, qué guapa eres», cada vez que los veas sentirás la presión de estar a la altura de sus expectativas.

Yo: Ya... es verdad. ¿Crees que hay muchas mujeres que por cosas así deciden hacerse alguna operación estética?

Psiquiatra: Puede ser. Muchas personas con trastorno de la personalidad histriónica también sufren de dismorfia corporal. Piensan que siempre hay algo mal con su apariencia. Por ejemplo, cuando se miran al espejo, pueden llegar a verse llenos de arrugas.

Yo: ¡Creo que tengo eso!

Psiquiatra: (Se ríe). Me parece que piensas así porque lo acabas de escuchar. Las personas que tienen dismorfia corporal ven con sus propios ojos una imagen que no es real, es una ilusión; pero ellos lo experimentan como si fuera una realidad.

Yo: Espero que mi caso no llegue a ese extremo.

MI YO CONTRADICTORIO

«Cuando intentas mantener en secreto algo sobre lo que tienes miedo, el miedo crece. En lugar de sufrir en silencio, una mejor alternativa sería compartirlo con alguien, como has hecho ahora conmigo».

Quiero poder quererme a mí misma; aunque esté gorda o sea fea. Pero la sociedad nos clasifica en superiores o inferiores dependiendo de nuestra apariencia; incluso mi padre y mi hermana solían felicitarme cada vez que bajaba unos kilos. Para mí, estar más delgada no es estar más sana ni sentirme mejor, pero me hace tener más confianza.

He pensado en esta confianza, ¿será porque interiormente pienso que ser delgada equivale a estar más sana? Pero no es así, tengo más confianza cuando estoy delgada porque cuando no lo estoy me siento pequeña e insignificante ante los ojos de los demás, ante los ojos de la sociedad. No puedo llevar la ropa que quiero y pienso que soy fea, horrorosa. Vivo constantemente obsesionada con mi peso. La presión social es aplastante, y pese a saber que liberarse de ella es prácticamente imposible, me quiero liberar; pero al mismo tiempo tampoco quiero engordar. Es una contradicción que no acaba nunca.

No entiendo por qué alguien tiene que recibir un mal trato por su apariencia, ni por qué nos debemos adherir a los estándares que dicta la sociedad. El verdadero problema son las personas que menosprecian a otras personas. Todo esto me frustra mucho. Me frustra mucho querer liberarme, pero no poder; sentirme mal conmigo misma cuando conozco a alguien supuestamente superior a mí, y sentirme cómoda si conozco a alguien supuestamente inferior a mí. Si lo pienso bien, me es imposible liberarme de esto porque yo también formo parte de las personas que interiormente se sienten bien consigo mismas cuando conocen a alguien supuestamente inferior a ellas.

Semana 10
¿Por qué te gusto? ¿Te gusto así? ¿Y así?

Estaba deambulando por internet y decidí hacer un test de autoestima: obtuve un menos veintidós. Soy consciente de que la imagen que tengo de mí misma no es la mejor, y, de hecho, este resultado fue más alto que el que obtuve hace unos años cuando hice un test similar. Se lo enseñé a mis amigos y a mi familia riéndome, como si no pasara nada; pero en realidad no estaba nada contenta. Los problemas que tengo parecen ser los de siempre, nada ha cambiado en mí. El miedo a nuevas situaciones, a cómo me ven los demás, el miedo a que piensen que soy maleducada. Son problemas tan interiorizados en mí, tan profundos, que parece imposible poder resolverlos. Así que me frustré y me entristecí.

Me es difícil imaginar poder sentirme cómoda con gente nueva en mi vida, es casi utópico. Tampoco sé cómo dejar de culparme por mis debilidades o errores.

Psiquiatra: ¿Qué tal estás? ¿Has conocido a los amigos de tu pareja?

Yo: No, no los he conocido. Mi pareja leyó un escrito sobre mi obsesión con mi apariencia y se sorprendió bastante. No tenía ni idea. Me dijo que, si no quería conocer a sus amigos, no era necesario que los conociese. Cuando lo dijo me sentí aliviada, por también avergonzada.

Psiquiatra: Claro, es normal que te sintieras así. Revelaste algo que has mantenido en secreto durante décadas, es natural sentirte avergonzada. Piensa en ello como si fuera una especie de periodo de transición; ahora cada vez que hables de eso te vas a sentir muy avergonzada, pero cuando te vayas acostumbrando, estarás cada vez más y más cómoda.

Yo: Antes pensaba que era muy honesta, pero me he dado cuenta de que escondo muchas cosas. Por ejemplo, mi pareja empezó a leer ese escrito en voz alta, pero no me gustaba nada cómo sonaba y tenía mucha vergüenza. Aun así, el único pensamiento dentro de mi cabeza era: «No, para. Lo tienes que aceptar». Pero mi reacción inmediata fue de disgusto, de incomodidad. Así que hice un esfuerzo y le dije que por favor no lo leyera en voz alta. Estos días intento no censurarme a mí misma y decir las cosas tal y como las siento.

Psiquiatra: Eso suena a que fácilmente podría convertirse en algo compulsivo, ¿no crees?

Yo: Tal vez puede llegar a convertirse en una obligación. Y también estoy intentando solucionar mi tendencia a pensar en extremos. Tengo una amiga en la empresa, y muchas veces hablamos sobre nuestros problemas o cosas así. Hubo un día en el que yo estaba muy ocupada y no me sentía muy bien, pero esta amiga comenzó a hablar y a hablar y no paraba. Fue un poco difícil para mí. Normalmente, en una situación similar, automáticamente hubiera pensado: «Debe creer que soy insignificante para contarme todo esto. ¿Qué soy yo? ¿Un foso donde tirar la basura?». Y después de pensar esto me criticaría a mí misma, pensaría algo como: «Soy tonta, estúpida, insignificante». Pero esta vez he intentado cambiar y me he forzado a recapacitar: «Se siente cómoda conmigo, debe gustarle que la escuche. No me cuenta esto porque piensa que soy alguien inferior a ella».

Psiquiatra: Creo que lo puedes llevar incluso más lejos.

Yo: ¿Cómo?

Psiquiatra: Lo puedes orientar de una manera que te ayude a tener más autoestima. En una situación similar podrías pensar: «A excepción de mí, no debe tener a mucha gente que la escuche».

Yo: Sería un poco arrogante de mi parte pensar algo así.

Psiquiatra: Solo digo que podrías intentar disfrutar de la libertad de poder pensar lo que quieras pensar.

Yo: Ya... Como ha salido el tema de la autoestima me acabo de acordar, estos días pienso mucho en ello, en la autoestima. ¿Qué importa si la autoestima es baja, alta o media? Últimamente en muchos libros se habla sobre la relación entre la autoestima y el amor. Defienden la idea de que primero nos debemos amar a nosotros mismos para poder amar a otros, que, si nos ignoramos, si nos despreciamos, los demás también van a hacer lo mismo con nosotros. Personalmente, creo que nada de esto tiene sentido. Durante muchos años me he detestado a mí misma, pero siempre ha habido personas que me han querido. Y aunque no me quiera a mí misma, soy capaz de querer a otros. ¿Crees que la autoestima puede dictar cómo amamos a las personas?

Psiquiatra: Creo que estos libros lo que quieren decir es que si no te quieres a ti misma, corres el peligro de tener una percepción distorsionada del amor.

Yo: ¿Una percepción distorsionada?

Psiquiatra: Exacto. Si tienes una autoestima baja, es más fácil que sospeches de la otra persona. Por ejemplo, si no estás satisfecha con tu apariencia, pero alguien te hace un cumplido, puedes pensar: «¿Por qué dice eso? ¿Qué quiere de mí?». Si es al contrario, si te gusta cómo te ves, digan lo que digan lo podrás aceptar. De todas maneras, no creo que lo importante sea la posible relación entre la autoestima y el amor; todo no termina con que alguien te quiera, es importante reconocer cómo se acepta el amor que uno recibe.

Yo: Ah… entonces el problema no es si hay alguien que me quiere o no, sino cómo acepto el amor que cae sobre mí. ¿Quieres decir que si tuviera más autoestima podría pensar de una forma más positiva?

Psiquiatra: Te voy a poner un ejemplo: digamos que le gustas a alguien. No cuestionar los gustos de la otra persona y poder aceptar la posibilidad de gustarle es una opción. Pero también podrías pensar algo como: «¿Por qué le gusto? Debe ser rarito». Son reacciones totalmente distintas, ¿verdad?

Yo: Sí... bastante.

Psiquiatra: Tu autoestima define cómo interpretas la atención que cae sobre ti. No hay ninguna fórmula específica para tener más autoestima. Tal y como has dicho antes, advertir que en una misma situación intentas actuar de un modo distinto puede ser un gran comienzo. Reconocer tu comportamiento e intentar cambiarlo es muy diferente a ser ignorante a tu propio funcionamiento.

Yo: En realidad, antes no era consciente de mis pensamientos extremos, así que era imposible que me percatara de ellos. Aunque otros me lo dijeran directamente, simplemente pensaba que lo decían porque no me conocían.

Psiquiatra: Esta manera de pensar en extremos se puede manifestar en dos formas principales; se puede decir que son dos caras de la misma moneda. Hay gente que se menosprecia y gente que se envanece. Si estos dos tipos de persona intentaran buscar un punto medio a sus pensamientos extremos, ¿no crees que la persona que tiende a menospreciarse lo tendría más fácil?

Yo: Entonces, ¿sería más difícil para las personas que se envanecen?

Psiquiatra: Exacto, porque no sienten la necesidad de empezar un tratamiento. Se niegan a escuchar a otros porque eso destruiría la supuesta confianza que tienen en sí mismas. Hay gente que viene aquí para obtener validación. Este tipo de personas cree que todo el mundo les tiene envidia.

Yo: Les debe resultar muy difícil poder mejorar; supongo que interpretan cualquier forma de crítica como envidia.

Psiquiatra: En muchos casos, subconscientemente construyen un personaje para esconder su baja autoestima; a veces también ocultan lo que no les gusta de ellas mismas y lo intentan reemplazar por rasgos o comportamientos opuestos. Fingen tener una autoestima muy alta, pero al mismo tiempo es fácil herirlas.

Yo: Oh…

Psiquiatra: Cuando se llega a los extremos de tener delirio de grandeza, un síntoma que se presenta en muchas ocasiones es la manía. Es un mecanismo de defensa que aparece para combatir depresiones muy agudas. Si alguien está perfectamente un día, y luego al siguiente te hace pensar que se ha vuelto loco, seguramente esa persona este sufriendo de un episodio de manía. Con el paso del tiempo, la frecuencia de estos episodios puede aumentar, y normalmente se presentan aleatoriamente. Se puede llegar a extremos de pensar: «Soy Jesús» o «Soy Buda». A menudo también tienen la sensación de que alguien los persigue, y muchas veces sienten la obligación de esconderse.

Yo: Debe ser horroroso. (¿Por qué estamos hablando de episodios maníacos?).

Psiquiatra: Estos episodios son intensos, pero no largos. Cuando el episodio maníaco se diluye, estas personas pueden llegar a sentirse muy decaídas.

Yo: Tal vez intentan buscar un modo de escapar de una realidad que odian.

Psiquiatra: Exacto. Por ejemplo, una persona que habitualmente va a la iglesia puede llegar a creer que se ha convertido en un dios. A veces sienten la obligación de salvar a los demás, viven en un constante estado de alerta.

Yo: Ah... Tengo algo que me preocupa. (No debía estar muy interesada en la conversación viendo cómo cambio de tema tan repentinamente).

Psiquiatra: Dime.

Yo: Quiero dejar de beber tanto. Tengo piel atópica, así que cuando bebo mi eczema empeora muchísimo. Ayer bebí bastante y hoy por la mañana mi piel estaba horrible, me siento muy culpable.

Psiquiatra: ¿Cuándo empezaste a pensar que querías beber menos?

Yo: Siempre lo he pensado. Pero beber se ha convertido en algo rutinario, es casi una obligación: cada día cuando vuelvo a casa del trabajo acabo bebiendo algo.

Psiquiatra: ¿En qué crees que te ayuda el alcohol?

Yo: Me gusta sentir el estado de confusión, la borrosa realidad.

Psiquiatra: ¿Crees que te hace estar más cómoda?

Yo: Sí, y también me ayuda a escribir.

Psiquiatra: ¿Se ha convertido en una herramienta para la escritura?

Yo: Hay veces que sí. (Hay ocasiones en las que bebo para poder escribir mejor, pero no son muchas).

Psiquiatra: Cuando bebes, ¿llegas al extremo de emborracharte?

Yo: Si me emborracho no puedo ni escribir ni hacer nada, me convierto en una persona inútil. Aun así, tiendo a perder el control; muchas veces acabo emborrachándome sin querer.

Psiquiatra: ¿Incluso cuando bebes sola?

Yo: Sí, a veces sí. Pero sobre todo me cuesta controlarme cuando bebo con una amiga con la que quedo a menudo.

Psiquiatra: Entonces no quedes tanto con ella.

Yo: Ya... ¿Tienes muchos pacientes que vienen porque sienten dependencia al alcohol?

Psiquiatra: Sí, bastantes.

Yo: ¿Qué les recomiendas?

Psiquiatra: Si tienen mucha dependencia y sienten que no pueden dejar de beber ni un solo día, les recomiendo que se internen en un centro de rehabilitación. Si no es tan grave, a veces les prescribo medicación para que puedan controlar mejor la compulsión que los lleva a beber.

Yo: Me gustaría intentar tomar esa medicación.

Psiquiatra: Por lo que comentas, solo bebes para tener una sensación de estabilidad y tranquilidad. ¿Tienes síntomas de abstinencia por la mañana? A veces prescribo medicación para mitigar los síntomas de abstinencia, te dan una sensación similar al alcohol, una sensación de serenidad.

Yo: ¿Crees que mi caso no es tan grave como para tomar medicación? La verdad es que me gusta beber alcohol.

Psiquiatra: No creo que sea tan grave. Tampoco parece que quieras dejar de tomar alcohol completamente, ¿verdad?

Yo: No, de vez en cuando me gusta beber.

Psiquiatra: Simplemente quieres beber con moderación, ¿correcto?

Yo: Sí, exacto. Beber me hace ganar peso. Quiero beber solo los fines de semana, pero me cuesta mucho controlarme entre semana.

Psiquiatra: Beber por dependencia es muy diferente a beber por hábito, creo que tú más bien bebes por hábito. Te iría bien aplicar un poco de fuerza de voluntad. Si te es muy difícil, podemos considerar la posibilidad de la medicación. También pienso que te ayudaría reducir la frecuencia con la que quedas con esta amiga.

Yo: Vale...

VIDA

«Se puede tener una percepción distorsionada del amor. Todo no termina con que alguien te quiera, es importante reconocer cómo se acepta el amor que uno recibe».

Soy consciente de mi forma de pensar en extremos; y estoy haciendo un esfuerzo para cambiar. Aún tiendo a tener muchos pensamientos extremos relacionados con lo que más temo, mi relación de pareja; pero noto que poco a poco voy mejorando.

No dejé de beber, y no pude ir a terapia durante dos semanas por el cumpleaños de mi abuela y la boda de mi primo. Quizá sea por este motivo que siempre me dolía la cabeza, lloraba sin razón aparente, y en general, estaba muy inestable.

Por ese entonces salió a la luz el caso de Lee Young-hak* y otros problemas sociales, al leer el diario o ver las noticias sentía una sensación de incomodidad por todo mi cuerpo. Estaba extremadamente sensible. Quería gritarle a cualquier fumador en la calle. Conté cuántos vi: en treinta minutos vi a unos siete fumadores y todos eran señores de mediana edad. Los odio.

---

* Lee Young-hak fue un violador y asesino, su caso fue muy controvertido en 2017. Se dio a conocer por su aparición en un programa de televisión donde él y su familia hablaban sobre la enfermedad de su hija. En 2017 fue reconocido como el violador y asesino de una niña de catorce años. (N. de la t.)

Semana 11
No me veo guapa

Psiquiatra: ¿Cómo estás?

Yo: Bien, pero esta semana ha pasado algo. La cuenta de Instagram que administraba yo ha pasado a ser administrada por otro equipo, vi la primera foto que subieron y me sentí horrible. Sentí que la persona a cargo lo hace muchísimo mejor que yo, que no soy indispensable para la empresa. Me percaté de que mi lugar en la compañía se iba al traste, me sentí minúscula. Creo que tengo mucho miedo a competir, a la competencia.

Psiquiatra: ¿Crees que eso es competencia?

Yo: ¿No lo es?

Psiquiatra: ¿Sientes que ya no eres parte del equipo?

Yo: Sí, me angustia sentir que he perdido mi sitio, mi posición.

Psiquiatra: Pero eso es solo tu perspectiva. Nadie está contento con lo que tiene, ¿no crees que estás pasando por alto todo lo que haces bien? ¿Todo lo que puedes ofrecer a tu compañía? No lo admites, no reconoces que hay cosas que se te dan bien.

Yo: Es verdad, nunca lo tengo en cuenta, solo pienso y pienso. Me pasa algo similar cuando leo, en lo único que puedo pensar es en lo ignorante que solía ser y me critico a mí misma por eso.

Psiquiatra: ¿No hay nada que creas que se te da bien hacer?

Yo: (Me quedo callada, pensando durante un rato).

Psiquiatra: ¿O algo en lo que no te critiques?

Yo: No juzgo a la gente por el dinero que tiene. Y ahora estoy leyendo un libro escrito desde la perspectiva de la madre de una chica lesbiana; para la madre el hecho de que su hija sea homosexual es algo horroroso, anormal. Tal vez hay lectores que pueden empatizar con la madre, pero yo no pensé que la hija fuera anormal en ningún momento.

Psiquiatra: Parece que sientes simpatía hacia los colectivos que son marginados. ¿Tal vez es porque tú también te sientes diferente, en desventaja?

Yo: No creo que tenga tanta simpatía…

Psiquiatra: ¿Ves a estas personas en una posición similar a la tuya?

Yo: Las veo como minorías.

Psiquiatra: Sí, pero tú también has intentado encajar en un grupo; te angustia la posibilidad de quedarte al margen y que los demás te vean como alguien fuera de lo normal. Hace unas semanas hablamos de esto.

Yo: Sí, esa posibilidad me angustia bastante. Ah, y sigo teniendo efectos secundarios.

Psiquiatra: ¿Qué tipo de efectos secundarios tienes?

Yo: Ayer por la noche me tomé la medicación y me fui a dormir, pero me desperté de madrugada. El corazón me latía muy fuerte y estaba muy nerviosa (comienzo a llorar), y lloraba como ahora. El resultado del test que hice al principio fue que tenía algo que se llamaba *faking bad*, ¿verdad? Así que comencé a pensar: «Estás exagerando. Deja de ser tan inaguantable». Pero después sentí que era muy injusto pensar todo eso, así que decidí intentar aceptar y reconocer mi estado; me tomé unos somníferos y me dormí rápidamente.

Psiquiatra: *Faking bad* puede ser un poco diferente a lo que acabas de comentar. Si usamos tu trabajo como ejemplo, es pensar que la empresa puede funcionar perfectamente bien sin ti, aunque en realidad seas un miembro crucial. Te sumerges tanto en tus pensamientos negativos que acaban por dominarte.

Yo: No sé cuánto tardaré en ser capaz de pensar de otra manera. Es muy difícil. Hay momentos, aunque pocos, que lo consigo; pero he estado tantos años pensando así que se me hace muy difícil.

Psiquiatra: Te puede ayudar hacer algo que nunca hayas hecho antes. Por lo que comentas, tus métodos para intentar estar mejor no son muy efectivos. Podrías probar hacer algo más radical.

Yo: ¿Quieres que me desvíe, que me aleje de todo lo que tengo?

Psiquiatra: ¿Qué significa para ti desviarte, alejarte de todo lo que tienes?

Yo: Dejar el trabajo.

Psiquiatra: Ya veo.

Yo: Sí. Eso sería el final de todo. Y he ganado cinco kilos desde el verano.

Psiquiatra: ¿De verdad? No lo parece. ¿Ha habido alguna razón en particular que te haya hecho ganar peso?

Yo: Simplemente he comido todo lo que me ha apetecido y he bebido mucho alcohol.

Psiquiatra: En nuestra sesión anterior también comentaste que tiendes a beber mucho.

Yo: Sí, sigo igual. Ahora cuando la gente me mira pienso que es porque ven que he engordado, porque piensan que estoy gorda.

Psiquiatra: Cuando te miras al espejo, ¿te ves muy gorda?

Yo: Sí. Estoy muy gorda. Quiero ser feliz, aunque esté gorda, pero eso es un poco difícil de conseguir.

Psiquiatra: ¿Crees que puedes ser feliz aunque hayas ganado peso en el estado emocional en que te encuentras?

Yo: Ahora, cuando la gente me mira, siento que internamente piensan que estoy gorda y me juzgan.

Psiquiatra: Comentas que quieres ser feliz, aunque estés gorda, y que sientes que los otros te juzgan porque has ganado peso, pero tú no vas juzgando a la gente por su peso, ¿verdad?

Yo: Sí que los juzgo.

Psiquiatra: ¿Los juzgas como personas que no pueden cuidar de sí mismas?

Yo: Simplemente no son atractivos. Tampoco me gustan los hombres gordos.

Psiquiatra: El haber ganado peso puede ser un efecto secundario de la medicación. No es una medicación que necesariamente engorde, pero sí que puede incrementar tu apetito.

Yo: ¿Crees que más adelante podré dejar de tomar la medicación?

Psiquiatra: Eso depende de cómo evolucione tu tratamiento, pero lo más importante es lo que quieras tú.

Yo: Si no me tomo la medicación, lo paso muy mal. No sentirme tan deprimida me ayuda en muchos aspectos, pero tengo la sensación de haber intercambiado mi depresión por los efectos secundarios.

Psiquiatra: Podemos intentar controlar un poco los efectos secundarios.

Yo: Entonces haz algo, ¡por favor!

Psiquiatra: Haremos algo, lo último que quiero es que estés incómoda. Pero ahora estás pasando por un momento un poco difícil, ¿verdad? Podrías intentar pensar en la medicación como algo para ayudarte a superarlo.

Yo: Vale. Últimamente también tengo muchos dolores de cabeza.

Psiquiatra: Eso también puede ser causado por la medicación.

Yo: Y otra cosa, recientemente estoy leyendo un libro titulado *Humillación**. Creo que me siento humillada muy fácilmente. Recuerdo una vez que me alojé en un albergue; el primer día me caía muy bien la chica con la que compartía la habitación, pero el segundo día conocí a otra chica y tuve la sensación de que me miraba por encima del hombro. Me sentó un poco mal. A través de este libro me he dado cuenta de que el sentirme menospreciada por alguien puede estar atado a no tener mucha autoestima. Tal vez esa chica simplemente estaba cansada, pero yo me lo tomé como si me estuviera despreciando. Darme cuenta de esto significó mucho para mí.

Psiquiatra: No creo que debas encontrar la razón para todo lo que te pasa en ti misma. Puede ser que esa chica simplemente fuera una maleducada. ¿Cómo estás con tu hermana mayor?

Yo: Ah, mi hermana últimamente ha cambiado. Antes me consideraba como alguien inferior a ella, pero recientemente he notado que intenta tratarme como a una igual. El otro día incluso me pidió que le comprara un vestido bonito; y a veces hablamos de todo un poco, ella me explica sus cosas y yo le explico las mías.

Psiquiatra: ¿Qué sientes al ver este cambio?

---

* *Humillación* (모멸감), de Kim Chan-ho, es un ensayo que explora la naturaleza de la humillación en la sociedad surcoreana. (N. de la t.)

Yo: No pienso mucho en ella, la verdad. Antes la culpaba por todo y la resentía muchísimo, pero ahora ya no lo hago tanto.

Psiquiatra: Creo que también tiendes a infravalorarte para poner a otros en una posición superior. Por ejemplo, cuando te comparas con tus compañeros de trabajo, solo ves lo que ellos tienen y tú no. Los pones en un pedestal y te criticas a ti misma.

Yo: Pero a la vez soy muy falsa: en silencio los pongo en una posición inferior a la mía; los excluyo.

Psiquiatra: Bueno, no hay nada malo en eso. Puedes pensar lo que quieras, tienes completa libertad sobre tus pensamientos. No te sientas culpable por pensar eso.

MUERTE LIBRE

«Comencé a pensar: "Estás exagerando. Deja de ser tan inaguantable". Pero después sentí que era muy injusto pensar todo eso, así que decidí intentar aceptar y reconocer mi estado».

En los escritos de reflexión sobre el suicidio de una escritora que me gusta, Hong Seung-hee, leí acerca de su opinión sobre el derecho a morir, la «muerte libre». De la misma manera que la palabra en coreano para menopausia tendría que ser «compleción del ciclo menstrual» en lugar de «final del ciclo menstrual», la autora considera que la palabra «suicidio» debería ser reemplazada por «muerte libre»; fue una idea que me impresionó. Hay muchas palabras con significados, tonos y matices negativos: aborto, menopausia, suicidio, etc.

Matarse a uno mismo no es simplemente renunciar a la vida, puede ser una opción entre muchas. Es verdad que no se puede ni imaginar el dolor de los que te quieren y se ven obligados a dejarte ir, pero si la vida es más dolorosa que la muerte, ¿no se debería respetar la decisión de matarse a uno mismo? En general, no se nos da bien el duelo. Algunos no respetan la decisión de acabar con tu vida, otros lo interpretan como un pecado, como un fracaso. ¿Vivir hasta el final es verdaderamente ganar en algo? ¿Qué es el ganar y perder en la vida?

He decidido dejar el trabajo. La vida es estar bien, después estar mal y después mejorar de nuevo, luego incluso empeorar otra vez. Simplemente tengo que aguantar.

Semana 12
Tocar fondo

No tengo energía, estoy muy cansada. No quiero trabajar. Mientras comía con mis compañeros de trabajo intentaba pasar desapercibida, pero no estoy acostumbrada a eso, así que me deprimí mucho. También me puse celosa cuando le dijeron a una amiga mía que era muy guapa. Pasé a odiarla. Soy horrorosa.

¿Verdaderamente soy cálida, cercana? No creo que sea una buena persona. No quiero que mi sensibilidad y mis ansiedades avergüencen a los demás.

Psiquiatra: ¿Cómo estás?

Yo: No muy bien, nada bien.

Psiquiatra: ¿Ha pasado algo?

Yo: Estoy deprimida y no tengo energía, estoy muy cansada. No tengo ningún tipo de motivación, así que tampoco puedo hacer bien mi trabajo; la semana pasada dije que quería dejarlo. Mi jefa me preguntó que por qué, y yo le dije que era por problemas tanto mentales como físicos. Le dije que estaba en tratamiento y me entendió. Después me comentó que dejar el trabajo así, tan repentinamente, podía incrementar mi ansiedad. Me propuso tomarme la semana que viene de vacaciones, y que a partir de noviembre me fuera reincorporando poco a poco. Me dijo que, si en noviembre seguía sintiéndome mal, volveríamos a hablar.

Psiquiatra: ¿Cómo te pareció su respuesta?

Yo: Le estuve muy agradecida, casi me pongo a llorar. Llevo en la empresa unos cuatro años, y en todo este tiempo no he descansado. Estar en tu lugar de trabajo te da una cierta estabilidad (un horario regular, un salario, etc.), tenía miedo de abandonar todo eso, pero cuando finalmente escribí mi renuncia me sentí muy aliviada; pero pensé que sería algo temporal. Las jornadas en la empresa son siempre iguales, me aburro mucho y vivo cada día esperando a salir del trabajo. No sé cuándo se convirtió en esto, llevo como dos meses así. Ah, y mañana me voy de viaje a Gyeongju sola.

Psiquiatra: ¿Cómo te sientes normalmente cuando sales del trabajo?

Yo: Sin vitalidad, sin energía. Mi único placer es el camino que hago hasta casa andando, pero cuando llego, me vuelvo a sentir muy decaída. Si me planteo hacer algo, inmediatamente pienso: «No, da igual. No quiero».

Psiquiatra: ¿Y qué terminas haciendo?

Yo: Comer en exceso, atracarme de comida. Me como todas las galletas, todo el chocolate, bebo alcohol y eventualmente acabo llorando. Después me angustio, no quiero ganar peso. Todo es un desastre.

Psiquiatra: ¿Cómo estás con tu pareja?

Yo: Es lo único bueno en mi vida; lo único que siento que es estable y tranquilo. Hace todo lo posible para aceptar mi situación y estar a mi lado pase lo que pase; creo que dependo mucho de mi pareja.

Psiquiatra: ¿Crees que te acabarás cansando? Me refiero a cuando te acostumbres a que esté a tu lado.

Yo: Ahora estoy bien, sobre el futuro, no lo sé.

Psiquiatra: ¿Ha pasado algo más?

Yo: En nuestra anterior sesión te comenté que yo administro las redes sociales de la compañía, ¿lo recuerdas? Originalmente yo planeaba y subía todo el contenido. Pero como no llegaba a todo, el departamento de *marketing* y de planificación comenzaron a implicarse también. Al principio me gustaba, estaba cómoda, pero a medida que me iba viendo más y más atada a todo esto, me di cuenta de que acabé por convertirme en alguien que simplemente subía contenido. Supongo que podría intentar tomar una posición de más liderazgo y proponer nuevo contenido, pero no tengo nada de motivación. Siento que mi puesto en la compañía poco a poco se va desvaneciendo.

Psiquiatra: ¿Cómo estabas cuando tenías una posición de más liderazgo? ¿Obtenías buenos resultados?

Yo: Sí, me gustaba mucho y obtenía muy buenos resultados. Mi jefa me dijo que podría empezar a planear la publicación de algún libro. Me sentí muy agradecida por la oportunidad, pero lo único que pasaba por mi cabeza era: «¿Qué estoy haciendo aquí?».

Psiquiatra: ¿Has pensado en qué harás cuando dejes el trabajo?

Yo: Estoy escribiendo un libro. He pensado en acabarlo y también abrir mi propio negocio. Con el finiquito intentaré subsistir mientas me busco un trabajo a tiempo parcial. Si mi negocio no va bien, me plantearé trabajar en otro sitio.

Psiquiatra: ¿Estás motivada con tu libro?

Yo: Sí, ya he escrito muchísimo. Calculo que en primavera estará acabado.

Psiquiatra: Tal vez tu jefa tenga razón y estés muy cansada, quizá lo que necesitas es descansar del trabajo. En otras áreas de tu vida no pareces no tener motivación. ¿Crees que tu viaje te ayudará a recuperar un poco de energía?

Yo: No lo sé. Durante las vacaciones de Chuseok* también descansé mucho, pero al volver al trabajo me seguía sintiendo igual. Siento que no tengo nada de motivación, que me voy a volver loca. Últimamente me enfado muy fácilmente.

Psiquiatra: Aunque normalmente no notes mucha diferencia con el cambio de estaciones, estos días puede afectarte un poco, puedes sufrir de trastorno afectivo estacional. Es importante que descanses. En tu viaje estaría bien que tomaras mucho el sol y que dieras paseos largos, estoy seguro de que te ayudará.

Yo: Lo intentaré. Quiero dejar de estar tan agotada y aburrida.

Psiquiatra: ¿Por qué decidiste ir sola de viaje?

Yo: Si voy con alguien tenemos que ponernos de acuerdo en lo que vamos a hacer, pero si voy sola puedo decidirlo yo todo.

Psiquiatra: Creo que has tomado una buena decisión, es justo lo que necesitas: pasar tiempo sola. ¿Por qué decidiste ir a Gyeongju?

Yo: Al principio no sabía dónde ir y no tenía nada de motivación para planear el viaje. Pero de repente una amiga mía me envió una foto de su viaje a Gyeongju, vi que los edificios son bajitos, parecía muy pacífico, así que me gustó.

---

* Chuseok es una de las festividades más importantes de Corea del Sur. Se celebra el día 15 del octavo mes del calendario lunar, y se extiende durante un periodo de tres días. (N. de la t.)

Psiquiatra: El poder sentirte completamente sola en un ambiente desconocido es una muy buena experiencia. Por lo que comentas, no parece que hayas tocado fondo. Cuando nos hundimos en el mar es gratificante sentir la arena a nuestros pies, nos da una sensación de seguridad, sabemos que en cualquier momento podemos pisar fuerte y salir a la superficie. Si no puedes sentir esta arena en tu vida, puede inundarte una sensación de vacío, de miedo. A veces es bueno tocar fondo para saber cómo se siente la arena en nuestros pies.

Yo: ¿Cómo me sentiría si llegara a tocar fondo?

Psiquiatra: Te sentirías incluso más destruida y sola que ahora. Te cambiaré la medicación un poco. Los antidepresivos harán que te sientas un poco mejor, e introduciré algunos estabilizadores del ánimo. ¿Te puedes concentrar bien estos días?

Yo: Hay momentos en los que me puedo concentrar perfectamente, y después de repente no puedo hacer nada.

Psiquiatra: ¿Lloras mucho?

Yo: El lunes pasado, cuando vine a recoger mi medicación, lloré muchísimo; ayer también lloré. Esta semana he llorado unas tres veces, más o menos.

Psiquiatra: Lo que describes es un poco diferente a los síntomas típicos de una depresión. Existe un tipo de trastorno por déficit de atención (TDAH) que se manifiesta en adultos. Los síntomas podrían ser una sensación de vacío, de aburrimiento y un declive en la concentración. Te prescribiré algo para tratar eso también.

Yo: (Siento que esto me describe perfectamente). De acuerdo, gracias.

Psiquiatra: Bueno, pues disfruta mucho de tu viaje. Cuando vuelvas estaría bien que habláramos de algo que hemos dejado un poco de lado, de la relación con tu hermana y tus padres.

Yo: De acuerdo.

Epílogo
No pasa nada, las personas sin sombra nunca podrán entender la luz

Tiendo a mirar a mi interior y solo ver oscuridad, a despreciarlo todo de mí. Cuando lograba algo difícil o me ponía un vestido bonito, el hecho de lograrlo yo, el hecho de que el vestido lo llevara mi cuerpo, hacía que todo perdiera importancia: de repente, lo que había logrado no era para tanto, y el vestido tampoco era tan bonito. Nada a mi alrededor tenía ningún sentido, era incapaz de apreciar la belleza; mi existencia afeaba y vaciaba de sentido la realidad. El verdadero problema era que mi oscuridad también se extendía a las personas que me rodeaban. Cuanto más me amaba alguien, más me aburría yo. Tal vez la palabra «aburrir» no es muy precisa, era más bien que esa persona dejaba de brillar a mis ojos, su existencia perdía todo el color.

El problema principal sigue siendo el mismo: mi autoestima. Me menosprecio tanto a mí misma que busco validación en los ojos de otras personas. Pero como no es una validación que sale de mí, hay un límite en lo satisfactoria que puede llegar a ser, y pronto me aburro de nuevo. Vuelvo a buscar a otra persona; eventualmente el hecho de gustarle a alguien no me satisface. Me derrumbo si no le gusto a alguien que me gusta; me derrumbo si alguien me ama. Haga lo que haga, no puedo evitar buscarme en los ojos de los demás. Me carcomo a mí misma, me consumo poco a poco.

Mi crueldad hacia los demás es también consecuencia de mi baja autoestima. No me quiero a mí misma, y me es imposible entender que otros me amen, así que los pongo a prueba constantemente. Si hago esto, ¿me quieres? ¿Y esto? ¿Y esto? Incluso si la otra persona me perdona, yo no puedo entender su perdón y acabo renunciando a ella. Me torturo y me consuelo al mismo tiempo pensando: «Es obvio que nadie me quiere, nadie nunca va a poder quererme».

La autoestima, la autoestima, la autoestima, siempre es lo mismo. Ya no quiero más relaciones retorcidas, estoy cansada de no estar satisfecha con mi presente, sentirme atada a mi pasado y tener expectativas demasiado altas con mis nuevas relaciones. Pero si todo esto es por culpa de la autoestima, no sé qué puedo hacer para mejorar. Ya no sé ni la diferencia entre amar o no a alguien, no lo sé distinguir. Estoy muy cansada de mí misma, de no saber por dónde ir y deambular incesablemente, de no saber nada, de ser tan vaga.

Mi psiquiatra se disculpó por no haber podido ofrecerme una respuesta más sólida y un método efectivo para estar mejor. Pero una persona que cae a un pozo oscuro solo puede comprobar que es un pozo tocando las paredes; de la misma forma, estoy convencida de que señalando mis fallos y tomando consciencia de mi estado puedo llegar a estar mejor. Estoy segura de que mis errores aparentemente incorregibles eventualmente crearán un yo más sólido y fuerte, que estaré bien. Sé que algún día comprenderé que siempre he sido capaz de mirar la otra cara de la moneda, pero que esa moneda era simplemente un poco pesada.

¿Que qué es lo que quiero? Quiero querer y ser querida. Sin sospechas, cómodamente. Eso es todo. Lo que me atormenta es no saber la manera, la forma de poder querer y aceptar ser querida por alguien. Cuando acabé la transcripción de nuestra última sesión, deambulé durante mucho tiempo sin poder escribir una conclusión. Quería demostrar lo mucho que había mejorado, quería crear un gran final. Creía que esa era la única manera de acabar un libro.

Leyendo las conversaciones recogidas en este libro me doy cuenta de que mi vida sigue siendo inestable, aún voy y vengo entre la depresión y la felicidad; me sigue siendo muy difícil encontrarle algún significado a todo. En este estado entré y salí del hospital unas cuantas veces, y en un abrir y cerrar de ojos aquí estoy ahora, escribiendo el epílogo de mi libro.

Si miro más detalladamente dentro de mí misma, puedo reconocer algunas cosas que han mejorado. Ya no estoy tan deprimida, y la ansiedad que sentía hacia mis relaciones también ha disminuido. Pero otros problemas han vuelto a rellenar las grietas, y lo que me impedía analizarlos y resolverlos era, de nuevo, mi baja autoestima. Seguía siendo una persona incapaz de amarse a sí misma.

Pero un día pensé algo: en un mismo cuerpo conviven luz y sombra. La felicidad y la infelicidad coexisten, y la vida serpentea incesablemente, pero luego vuelve a ir recta;

todo fluctúa constantemente. Mientras no me rinda y siga mi camino, habrá momentos en los que ría y otros en los que llore; es algo natural.

Este libro, finalmente, no acaba ni con preguntas ni con respuestas, acaba con un deseo: quiero querer y ser querida. Quiero encontrar un camino que no me hiera. Quiero vivir una vida que me satisfaga. Quiero seguir cometiendo errores y descubriendo nuevos caminos. Quiero interpretar las olas emocionales, el ir y venir, como el simple ritmo de la vida, y fluir con él. Quiero poder caminar rodeada de la oscuridad más devastadora y, repentinamente, encontrarme con un rayo de sol; quiero ser el tipo de persona capaz de permanecer bajo ese rayo durante mucho tiempo, sentir la calidez en mi piel. Algún día podré.

Nota de su psiquiatra
De una incompletitud a otra

Aún recuerdo cuando la autora de este libro encendió su grabadora por primera vez. En una de nuestras primeras sesiones me pidió el consentimiento para grabar la terapia, dijo que quería escuchar la grabación en casa y reflexionar sobre lo que se había hablado. Sin pensar demasiado le dije que no había ningún problema, pero a medida que nuestras sesiones avanzaban, me percaté de la creciente cautela con la que escogía mis palabras: mi criterio como profesional estaba siendo registrado. Fue entonces cuando la autora me comentó que estaba escribiendo un libro con nuestras sesiones y que cuando estuviera terminado me enviaría el manuscrito. Me sentí desnudo, me preocupaba lo que los lectores podrían llegar a pensar. Al principio decidí no leer el manuscrito. Leí el libro cuando ya estaba publicado y me sentí muy avergonzado. Me arrepentía de muchas decisiones que había tomado, me arrepentí de no haber sabido ayudarla.

Al leer el libro sentí la vitalidad que le había dado la autora a nuestras conversaciones, que grabadas sonaban secas e insustanciales. En la época actual, encontrar información sobre los términos que se abordan en este libro —la depresión, la ansiedad, la distimia— no es muy difícil. Pero desafiar los prejuicios sociales y exponer públicamente y de una manera tan honesta una historia tan personal, una lucha contra las dificultades que llevaron a la autora a buscar tratamiento en varias ocasiones, quizás no sea algo tan fácil de encontrar.

Esta es la historia de una persona ordinaria e incompleta que conoce a otra persona ordinaria e incompleta; es la historia de dos personas que se encuentran y hablan, se escuchan. Como psiquiatra, reconozco que he cometido algunos errores y aún hay muchas cosas en las que debo trabajar, pero el tiempo nunca se detiene y debemos seguir el curso natural de la vida: tanto yo, la autora, como vosotros, los lectores, podemos encontrar consuelo en el hecho de que, en algún momento, todo puede mejorar. A todas aquellas personas que consuman sus días inundados de malestar, ansiedades y frustraciones: espero que podáis escuchar la voz que habéis ignorado durante tanto tiempo dentro de vosotros. Porque el corazón humano, incluso en los momentos más miserables, incluso cuando lo único que quiere es dejar de sentir y dejar de sufrir, muchas veces también quiere ir a comer tteokbokki.

Apéndice
La función de la depresión

El veneno de animar

Mi madre siempre se consideró tonta, nunca se quiso mucho a sí misma. En todas sus palabras, en todas sus frases, en sus distintos tonos, siempre se percibía un menosprecio hacia sí misma. «No sé cómo ir, soy tonta. No entiendo lo que la gente dice, no lo puedo hacer. No puedo hacer nada».

A nosotras no nos quedó otra opción que heredarlo. Mis hermanas y yo somos mucho más introvertidas que extrovertidas; ninguna de nosotras ha tenido nunca mucha autoestima. Cuando éramos niñas era mucho peor: dudábamos de todo, éramos tímidas y extremadamente prudentes, siempre teníamos mucho miedo. Cuando nuestra madre se cruzaba con alguien, siempre señalaba nuestros defectos: «Esta no tiene nada de confianza en sí misma, tiene eczema».

La timidez y la vergüenza nos las inculcó desde una edad muy temprana. Conforme me hacía mayor quería ser más atrevida, quería tener más confianza, no me quería sentir pequeña y débil. Se lo pregunté a mi madre. «Mamá, ¿por qué no tengo confianza en mí misma?». Su respuesta fue: «¿Como que por qué no tienes confianza? ¡No tienes ninguna razón para no tener confianza!». Solté una risa forzada. Mi madre odiaba habernos transmitido esa parte de sí misma, así que siempre estaba enfadada con nosotras. Le hubiera gustado que tuviéramos mucho talento, pero ninguna destacaba en nada; quería que fuéramos extrovertidas, pero ninguna lo era. Mi madre quería que hiciéramos lo que ella siempre había deseado hacer, pero nunca había podido: que nos convirtiéramos en azafatas de vuelo, que nos apuntáramos a clases de danza. Así y todo, me alivia que nunca nos obligara a hacer nada que no quisiéramos.

Las personas a mi alrededor podían sentir la energía que emanaba de mí, y siempre se esforzaban en animarme. No recuerdo exactamente cuándo, pero llegó un momento que la gente que me animaba, que me empujaba a tener más confianza, que se esforzaba para hacerme sentir bien, empezó a aburrirme. Mi naturaleza introvertida y la facilidad con la que me sentía intimidada pusieron obstáculos en mi vida universitaria y laboral. Los trabajos en grupo, las reuniones, me hartaban, me erizaban la piel. Cuando conseguía derribar una pared, me topaba con otra. Siempre había nuevas personas, nuevos trabajos, nuevos temas, nuevos espacios. Todo era como un juego sin final.

Parece irónico, pero el único consuelo que encontré fue este pensamiento: «¿Por qué te fuerzas a no estar nerviosa? ¿Por qué te fuerzas a tener confianza? Simplemente déjate estar nerviosa. No te fuerces a estar bien».

Si pretendo ser alguien que no soy, tarde o temprano se hace obvio; odio lo incómoda que me hace sentir alejarme de mí misma. No hay nada más incómodo, más despreciable, que una persona cobarde pretendiendo ser audaz (esto no se debe confundir con alguien que se *propone* ser audaz; son cosas diferentes). ¿Qué peor consejo hay que decirle a una persona sin confianza que tenga confianza? ¿O decirle a alguien cobarde que pretenda ser audaz? ¿Qué hay más triste que alguien débil pretendiendo ser fuerte?

Fue así como en la universidad decidí empezar todas las presentaciones con estas palabras: «Cuando hablo en público me pongo muy roja. En el instituto me llamaban "la niña roja". Si mientras hablo veis que mi cara se pone muy roja, no os asustéis y os pido que sigáis prestando atención. Gracias». La gente se reía. Me sorprendió comprobar cómo, al normalizarlo, en muchas ocasiones pude hacer mi presentación sin enrojecerme.

Hay veces que cuando estoy pasando por un mal momento y alguien me dice «Ánimo», quiero agarrarlos del cuello y estrangularlos. Simplemente siéntate a mi lado, intenta pensar en alguna posible solución conmigo, trata de entender mi tristeza o mi enfado, si has pasado por algo similar, comparte tu experiencia, dime que no me preocupe, que todo va a mejorar. Eso es encontrar consuelo en una relación sana.

Hoy tengo una reunión con la autora de un libro que mi empresa está considerando editar. Es algo que no he hecho nunca, debo explicarle qué tipo de libro estamos buscando y cómo será el proceso de planificación. Debo mostrarme casual y confiada, con mi jefa vigilándome a mi lado en todo momento. No quiero sentirme obligada a esconder mi timidez, mi falta de confianza; tampoco quiero enfatizarla, pero no quiero pretender ser alguien que no soy con tonos artificiales o posturas rígidas. Quiero ser honesta. Es la primera vez que estoy en esta posición, es imposible que lo haga todo perfecto, tampoco es necesario. Debo intentar buscar consuelo en este pensamiento. Me tengo que aceptar tal y como soy, imperfecta; debo susurrarme a mí misma que no pasa nada si algo no sale como esperaba, que no importa si no estoy en las mejores condiciones.

A veces, los ánimos, los «debes tener confianza», los «tú lo puedes hacer» son palabras venenosas. Hay personas que simplemente no pueden, y estas palabras les envenenan todo el cuerpo, les pudren por dentro. Tal y como llevan diciendo los libros de autoayuda los últimos diez años, no nos debemos castigar y culpar a nosotros mismos, debemos aceptar que no hay nada malo con ser imperfectos. No pasa nada con no forzarnos a estar bien, debemos aceptar el dolor. Hoy puedo cometer un error; no pasa nada. Al fin y al cabo, todo lo que hacemos es acumular experiencia.

Cambiar mi perspectiva

Cuando siento como si me estuviera hundiendo poco a poco, cuando noto cómo mis tristezas, enfados y miedos me presionan y me obligan a actuar de manera extraña, pienso: «Tengo que cambiar mi perspectiva».

Me he dado cuenta de que obligarme a estar bien constantemente o luchar contra mí misma no va a hacer que mágicamente esté mejor. ¡Qué pesado es sentir el peso de las motivaciones, de las alegrías ajenas en mis hombros!

Voy a cambiar mi perspectiva. De mí hacia los otros. De la desesperanza a la esperanza. De lo cómodo a lo incómodo. De la mayoría a la minoría. De lo que es útil, pero me pudre por dentro, a lo que es inútil, pero me enriquece.

Cambiando mi perspectiva puedo vislumbrar la estructura de la vida, lo interesante de la vida. Si cambio mi perspectiva cambian mis acciones; cambiando mis acciones cambia mi vida. Me doy cuenta de que no puedo modificarlo todo yo sola; debo fijarme en lo que me rodea, observar las incontables cosas que mi entorno puede ofrecerme. Desviar mi perspectiva puede llenar todos los vacíos de mi vida.

Los deberes de la vida

Mi cabeza está llena de buenos escritos, de libros interesantes, pero es difícil encontrar gente igualmente buena e interesante. El proceso de convertirse en una buena persona (el tipo de persona que ves y piensas: «Me quiero parecer a ella») es difícil. Dejando a un lado las características innatas, cambiar los hábitos y pensamientos que se han ido acumulando en la naturaleza y la esencia de cada uno es complicado. Esta es la razón por la que incluso reconociendo que un consejo en concreto me podría ayudar, nunca puedo llegar a interiorizarlo. La naturaleza de las palabras y los comportamientos es diferente: mientras que esconder palabras es fácil, ocultar ciertas conductas provocadas por el subconsciente es algo más difícil.

Muchas personas viven toda su vida sin poder hacer coincidir sus palabras y sus acciones. No importa cuánto se eduquen, cuánto lean, cuánto traten de recordar errores pasados; si son incapaces de inspeccionarse a fondo e investigar las razones exactas para sus propias acciones, siempre volverán a recaer en viejos patrones de comportamiento. Poder modificar comportamientos que con el tiempo se han hecho casi innatos es una tarea muy difícil. Admiro muchísimo a aquellas personas que pueden tomar consciencia de sus errores y cambiar a través de su comportamiento.

Tal vez es por esto que nos sentimos incómodos al leer las palabras de aquellos que siempre dicen lo correcto. Porque, ¿dónde se ha visto a alguien que verdaderamente practica lo que predica? Esta misma sensación de incomodidad también la sentimos cuando conocemos a alguien que es fiel a lo que dice con sus acciones. Sentimos nuestra inferioridad, nuestra pequeñez, y tenemos miedo a que descubran lo que somos y nos menosprecien. Me siento mucho más cómoda entre personas sencillas, inocentes incluso.

Estoy en un momento incómodo y vago de mi vida. Mi naturaleza, mi esencia es depresiva y patética. No pienso de una manera profunda, y me falta mucha perspicacia, mucha rapidez; soy lenta. En lo único que soy buena es en pensar demasiado y criticarme a mí misma; aunque intente pensar de otra manera, los procesos del pensamiento que he adquirido durante todos estos años siguen estando presentes en mi cerebro, y me hacen caer una y otra vez en los mismos pensamientos. Racionalmente entiendo todo esto, pero es muy difícil interiorizar este conocimiento. Apoyo al feminismo y estoy en contra del racismo, pero no puedo evitar sentir cómo mi cuerpo se encoge al pasar por el lado de un migrante chino, o la incomodidad que siento al ver a una lesbiana que no es guapa; son respuestas involuntarias de mi cuerpo que dejan ver quién soy verdaderamente. Soy patética e hipócrita.

Pero sé que nada va a cambiar si me critico incesablemente por estas respuestas. Simplemente debo aceptar y abrazar que soy imperfecta. Debo tomar estas experiencias como oportunidades para reflexionar sobre mí misma, debo aceptar la vergüenza y la alegría que vienen de aprender algo nuevo; debo seguir inclinándome, aunque solo sea un centímetro, hacia el cambio.

No puedo convertirme en alguien que envidio de la noche a la mañana; es algo imposible. Solo debo seguir mi propio camino, aunque sea lento y tedioso. No forzarme a pensar otra cosa, aceptar mis juicios, mis pensamientos, aceptar todo lo que venga a mi mente, analizarlo pausadamente. Criticarme a mí misma no me va a convertir en alguien increíblemente inteligente.

Tal vez la vida es un proceso para aprender a aceptar; aceptar quienes somos, nuestros pensamientos. Aprender a cambiar no es algo que venga determinado por el simple hecho de estar vivo, es algo que debemos practicar durante toda la vida. Ver lo patética, lo pequeña que soy, pero también ver cómo la persona en la que intento desesperadamente verme reflejada, al igual que yo, tiene sus dificultades. Debo aprender a observar y aceptar. Tengo que dejar de aplicar mis estándares extremos a los demás.

Debo aceptar que todos tenemos defectos. Y lo más importante: debo intentar reconocer mis defectos y verme por quien soy. Debo dejar de aparentar ser perfecta. Lo mejor que puedo hacer es aspirar a aprender algo cada día.

El problema del amor

Si pienso en cómo han ido las cosas, me doy cuenta de que muchos problemas de mi vida han sido causados por amor. He tomado decisiones ignorando lo racional, sin calcular los beneficios y las pérdidas; simplemente he seguido mi corazón. Lo racional solo ha intervenido en mi trabajo y en mis estudios. Mis prioridades siempre han sido mi orgullo y el dinero, detrás de esto podía vislumbrar mis sueños y la escritura entre una niebla espesa. La vida a veces dificulta el poder elegir lo segundo más importante.

Con la gente que quiero me pasa algo similar. Admiro el brillo en sus ojos, sus pasiones y su valentía para arriesgarlo casi todo por amor. Nunca he amado a alguien a medias, nunca he puesto límites a mis sentimientos. Soy más pasiva que activa, pero si hay alguien que quiero, lo comparto todo sobre mí. Tal vez mi dificultad para imaginar mis planes de futuro viene dada por esta tendencia.

Conocer a alguien que me llene por dentro, escribir y que lo que escriba pueda ser valioso al ser leído, escuchar música, ver películas, quiero convertirme en alguien que se guíe por el amor. Siento que voy a perder mi brillo y mi fuerza si la racionalidad pura se entromete entre los espacios de mis días. Es por esto que prefiero ser una persona rica emocionalmente y pobre racionalmente. Quiero coger de la mano y acompañar a aquellos que también se sientan como yo. Es difícil definir qué es mejor, si lo racional o lo emocional, pero lo que sí es seguro es que tienen diferentes texturas. Personalmente, a mí me complace mucho más la textura que me llena de amor y emoción.

La soledad es un lugar muy especial

Hay ojos colgados en la pared; en los teléfonos de desconocidos, en las grietas de la oficina, en el aire de las calles. Cuando la soledad abre los ojos, el miedo se asoma por una esquina de mi cerebro; y entonces siento el parpadeo de incontables ojos que analizan todo lo que hago, todo lo que digo. Para mí la soledad es una habitación, bajo las sábanas que cubren todo mi cuerpo no dejando más espacio que el necesario para respirar, bajo el cielo al que levanto mi mirada mientras camino, la extrañeza que siento rodeada de personas en una fiesta. La soledad está en el menosprecio hacia mí misma, en cómo mis manos buscan algo en mis bolsillos, en el eco de la grabación de mi voz cuando la escucho en mi habitación vacía, en el cruzar miradas con alguien distraído en una cafetería (cuando a pesar de mi miedo a esa mirada, me doy cuenta de que en realidad nadie me está prestando atención). Me pregunto si toda la soledad que mi cuerpo ha absorbido de todos estos espacios algún día podrá convertirse en algo especial. Quizás esto es el deber y el privilegio de los artistas, procurar convertir la soledad en algo concreto.

El sufrimiento y el consuelo

Hay momentos en los que físicamente siento mis errores, me erizan la piel. Pueden ser temas personales, o de trabajo, o lo que sea. A veces pienso: «En ese entonces no lo hice bien. En ese entonces no sabía nada», y este mismo pensamiento me trae dolor y consuelo al mismo tiempo. Me trae dolor porque sé que es imposible viajar en el tiempo y hacer las cosas de otra manera; y consuelo porque sé que no voy a volver a repetir un error así. Si la situación en concreto es en el trabajo, la sensación de consuelo es mayor, pero si es una situación personal, como una ruptura amorosa, por ejemplo, el sufrimiento ocupa más espacio. En ese momento soy consciente de la ausencia de la otra persona.

Aferrarse al recuerdo de un amor que ya no existe, atarse a los sentimientos que una vez estuvieron allí pero que ya han desaparecido, carcomerse por dentro, poco a poco, lentamente. Todo esto no sirve para nada.

En días como estos leo. Porque no hay tortura más grande que sentir cómo todo lo que sientes hacia una persona que ya no está te carcome, te roe, te pudre por dentro. Hace que te consuma. Pero los libros son diferentes. Busco libros que encajen con mi situación, los busco como si fueran medicación, los leo una y otra vez, los subrayo, y por muchas veces que los lea, siempre me dan algo nuevo. Nunca me harto de ellos. Te esperan, pacientemente, y eventualmente, puedes vislumbrar una solución. Es una de las cosas que más me gusta de los libros.

Una vida sin calificativos

La editorial en la que trabajo va a publicar un libro de mi escritor favorito. El editor me comentó que tenían planeado hacer una reunión a principios de febrero con el autor, para pensar en ideas sobre la temática del libro. Me pidió que, si era posible, asistiera. Comentó que conocía mi admiración hacia el autor, me animó a presentar tantas ideas nuevas como fuera posible; dijo que tener una perspectiva joven ayudaría.

Me gustaba y entusiasmaba la idea de asistir a la reunión, pero cuando se refirió a mi aportación con el adjetivo de «joven», noté cómo se me hacía un nudo en la garganta. Sentí toda la presión caer sobre mí: debía presentar una muy buena idea, una idea creativa y que los otros no hubieran ni contemplado. «Joven» es un adjetivo del que no puedo escapar.

Hablé sobre esto con una amiga, y ella tampoco entendía por qué la palabra «joven» siempre nos acompañaba en estas situaciones. Comentó que también hay buenas ideas que vienen de gente con experiencia, que no importa si se es joven o profesional, que creía que deberíamos liberarnos de adjetivos, y simplemente escucharnos los unos a los otros. Tenía razón. Siempre hay un adjetivo que nos describe, que nos define, y yo no soy excepción. «Joven» es algo que no puedo eliminar de mí misma, es algo restrictivo; pero a lo que principalmente me refiero es a las expectativas que hay detrás de este adjetivo. Es lo mismo que la universidad a la que has ido o tu lugar de trabajo. La expectativa de que los graduados en literatura escriben bien, o que los graduados en inglés tienen un nivel casi nativo, es algo que reprime.

Esta es una de las razones por las que no me gusta decir que soy graduada en Escritura Creativa. Mi hermana mayor también me habló de esto. Es licenciada en Canto por la Universidad Nacional de Seúl, por lo que la gente piensa que canta perfectamente, y si por alguna razón no cumple con las expectativas, dice que nota la decepción en las miradas. Me comentó que cada vez que habla sobre sus estudios o sobre su universidad, tiene que aguantar el juicio en las miradas de la gente. Muchas personas se sienten así. Es por esto que en numerosas ocasiones no podemos disfrutar de nuestros intereses y estudios; por lo que decidimos escondernos, ocultarnos.

Hoy he decidido borrar la información sobre mi educación y puesto de trabajo en Facebook. Quería eliminar mis adjetivos. Mostrar mi formación y mi puesto de trabajo me daba una sensación de superioridad momentánea, pero también me hacía sentir insegura. Odio el hecho de haber estudiado Escritura Creativa pero no ser la mejor escritora, odio estar trabajando en una editorial, pero desconocer muchos libros y autores. Soy consciente de que estos adjetivos no pueden describir a una persona en su totalidad, pero dejan una impresión considerable de alguien.

La persona que más envidio en mi empresa (dibuja, escribe, habla bien; es guapa y tiene una muy buena personalidad) se graduó en una universidad provincial. Me avergüenza admitirlo, pero en algún momento intenté aliviar mi sentimiento de inferioridad comparando mi formación académica con la suya. Me encontré buscando maneras desesperadas para sentirme un poco, aunque sea muy poco, superior a ella.

Racionalmente soy consciente de los problemas que todo esto me puede traer, pero me sigue siendo muy difícil escapar de mis adjetivos, de las miradas llenas de juicio que recibo cada día. El alivio que sentía al saber que alguien a quien envidiaba no tenía la misma formación que yo, o el desespero al conocer que una persona a la que no había prestado especial atención había ido a una universidad mejor; el autocastigo y la culpa que seguía a estos pensamientos. Quiero cambiar mi manera de pensar, de verdad. No, sé que puedo cambiar. Ahora ya no conozco qué formación tienen mis compañeros de trabajo, no lo pregunto. Tampoco tengo curiosidad por saberlo. Aunque no cambie toda yo, siento que voy dando pequeños pasos. En lugar de focalizarme en las partes de mí que no cambian, quiero cambiar mi foco de atención y centrarme en aquellas partes que están cambiando, y seguir trabajando, seguir esperando. Espero que llegue un día en el que todos podamos sentirnos orgullosos de quienes somos, sin adjetivos.

Sueño

Tuve un sueño. Aparecíamos mi madre, mi hermana mayor y yo. Había más gente, pero no recuerdo quiénes eran. Vi que mi madre era muy joven, y quise hacerle una foto para recordarla, pero no entraba en el marco, se quedaba siempre fuera. Sentí que el pasado ya ha pasado, que solo podemos deambular en un momento mientras dura, que después desaparece. Sentí que estos espacios, estos momentos, no se pueden aprisionar con una cámara.

Pero nos lo estábamos pasando bien. Incluso sin poder grabar o recordar ese momento, fuimos felices en un punto concreto del pasado. Era algo fascinante: mi hermana y yo de niñas, mi madre sin una sola arruga. Incluso mientras escribo esto siento cómo el recuerdo abandona mi memoria muy lentamente, en pulsaciones. Quiero volver a ver la cara joven y radiante de mi madre. Fue un sueño muy triste pero también muy bonito.

Abuela

Mi abuela nunca habló mal de nadie. Recuerdo una vez que le pregunté cómo calificaría a mi padre como yerno del uno al diez; ella me devolvió la pregunta y yo, con seguridad, dije que cero. Se sonrió y esquivó la pregunta de nuevo. Entonces le pregunté: «Si trajera a un hombre como mi padre y te dijera que me voy a casar con él, ¿tú, que dirías?». Ella dijo en voz baja: «...que no». Es muy graciosa.

Un día yo tenía que ir a hacer unos recados fuera de la ciudad y salí con ella, caminamos por todo Suncheon. Mientras paseábamos en silencio, mi abuela de repente dijo: «Debes aburrirte mucho aquí. Te quieres ir a casa, ¿eh que sí?». Yo le dije que no, que de ninguna manera; se lo repetí unas tres veces, quizás porque me sentía algo culpable. En realidad, era medio verdad, medio mentira. Cuando hablo con ella nuestras conversaciones normalmente acaban en un silencio profundo, y en Suncheon tampoco había mucho que hacer. Ya que estaba con ella, tampoco quería estar mirando el móvil o leyendo todo el tiempo. Quiero hablar y compartir cosas con ella, pero la abuela que en un pasado siempre tenía cosas que contar había cambiado, era como si se hubiera olvidado de todas las historias.

Caminamos juntas durante un rato y llegamos a una plaza donde estaban organizando los preparativos para un festival. Había mucha gente mayor. La llevé hacia allí, le di dos besos y le dije: «Adiós, yaya», después me fui alejando hacia la estación de tren. Mientras caminaba, me iba girando y veía a mi abuela que me saludaba y me hacía señas con la mano para que me fuera. Me continué girando mientras caminaba hasta que mi abuela se convirtió en un puntito en la lejanía.

Recuerdo la conversación de ayer. Le pregunté que cuál era el momento en el que se sentía más feliz estos días. Ella me contestó que siempre estaba sola, que cómo iba a ser feliz. Es verdad. Después, con cautela le pregunté:

—¿Pero ahora estás contenta de que yo esté aquí?

—Sí, estoy muy contenta —me contestó.

—¿Contenta pero no feliz?

—Estar contenta es estar feliz.

Cuando pienso en ella siento cómo mi corazón se me encoge, y odio sentir que es por compasión; he decidido pensar que es por amor. La compasión que nace del amor es un sentimiento inevitable.

Mentiras triviales y estúpidas

Después de la ceremonia de año nuevo en mi empresa, crucé miradas con el presidente de la editorial. Le tengo miedo. Desde adolescente les tengo un miedo general a los adultos (aunque yo también me haya convertido en uno), especialmente a los adultos que conozco por primera vez. El presidente es una persona muy poderosa, así que le tenía un temor especial. Se acercó y se interesó por mis ambiciones para el año nuevo, me vio dudar y se preguntó en voz alta si la palabra «ambición» era demasiado; la sustituyó por objetivos. Le contesté que uno de mis objetivos para el nuevo año era estar sana física y mentalmente. Después, al ver su expresión, sentí que tenía que comentar algo relacionado con el trabajo, así que dije que también quería editar un *best seller*. ¿Pero por qué me avergoncé tanto de decir eso? Es muy estúpido y cliché. Es obvio. En realidad, no tengo un gran interés en los *best sellers*.

En ese momento pensé que, si contestaba que quería publicar un buen libro, él continuaría la conversación preguntándome qué era lo que yo consideraba un buen libro, y en unas ansias repentinas de terminar nuestra conversación, me vi obligada a responder eso. Mi respuesta era incompleta y obvia, me incomodó muchísimo.

Me gustaría poder ser más honesta. Envidio a las personas que pueden absorber las preguntas, interiorizarlas, y pensar, sin prisa, en una respuesta adecuada.

Mi tía

Ayer mi madre fue al hospital para hacerse una revisión general; era el mismo día que mi abuela tenía que venir a Seúl. Mi madre siempre ha temido los espacios nuevos; y el pensamiento de mi madre y mi abuela en un gran hospital deambulando solas me puso tan nerviosa que me tomé medio día de descanso en el trabajo.

Mi abuela viene a Seúl una vez cada tres meses para hacerse una revisión general en el médico y recoger su medicación; en la región donde vive no hay ningún hospital en condiciones. Antes solía ir a un hospital en Ansan, después se trasladó a uno que está en el distrito de Yeongdeungpo en Seúl, y ahora va hasta Ilsan, un poco al norte de Seúl. Una vez cada tres meses mi tía, la más joven, solía llevar a mi abuela hasta Ilsan, después la responsabilidad pasó a mi tía más mayor, y después a mi madre.

Mi tía Goara, la que vive más cerca de Ilsan, nunca contesta el teléfono. Una vez pregunté por qué no había manera de contactar con ella: mi madre dijo que no lo sabía, y mi abuela comentó que tal vez pensaba que ella era una carga innecesaria. Al oír eso, la expresión de mi madre se oscureció. Sin darme cuenta pensé: «Es una vez cada tres meses, no es ni una vez al mes. ¿Cómo puede ni siquiera contestar al teléfono?».

Pero esa misma noche comencé a recordar más cosas de mi tía Goara. Mi tía Goara que leía tanto, mi tía que siempre se ocupaba de mi abuela y de todos sus sobrinos, mi tía que había desaparecido de nuestras vidas por completo.

Mis hermanas y yo la queríamos mucho. Sustituyó a un padre que no tenía ni coche ni nos ofrecía ningún tipo de apoyo; nos llevaba a todos los sitios, nos lo explicaba todo con paciencia y cariño, nos daba todo lo que necesitábamos. Mi tía Goara y mi tía más mayor vivían en nuestra misma calle, pero cada vez que mi padre le pegaba a mi madre, siempre llamábamos a mi tía Goara; se lo explicábamos todo y llorábamos desconsoladamente en el teléfono. Al recordar todo esto comprendo que mi tía Goara fue como una brisa de aire fresco en nuestra infancia. Nos llevábamos mejor con ella que con nuestra propia madre, y admirábamos su inteligencia. Era como una segunda madre.

Acordarme de mi tía Goara me hace reflexionar en cómo pensar que alguien ha cambiado es, en muchas ocasiones, inútil y cruel. Esperar que alguien permanezca inalterable, que se mantenga en la misma postura y tenga exactamente el mismo carácter a lo largo del tiempo puede representar un gran peso para la otra persona.

Cuando vivir se convierte en sobrevivir, cuando sobrevivir se apropia de todo y no deja espacio para alzar la voz ante otros aspectos de la vida; cuando el tiempo pasa vertiginosamente rápido y seca, pudre todo lo que nos hemos visto obligados a descuidar; en esa situación, esperar que alguien no cambie es cruel y contradictorio.

Si no me hubiera acordado de mi tía Goara y del papel fundamental que tuvo en mi infancia, es muy probable que su figura poco a poco hubiera ido desapareciendo de mi memoria y de mi vida. No, no es muy probable; estoy segura. Cuando perdemos la esperanza en nuestra propia vida nos arriesgamos a perder a todos nuestros salvavidas, a todo de lo que dependemos. No queremos hacer nada, participar en nada o estar con nadie; nuestra existencia pasa a ser pasiva e inquietantemente serena. Se pierde la necesidad de tener a alguien, y con el tiempo, se acaba en completa soledad.

Viendo lo fácil que me ha sido darme cuenta de todo esto, y siendo una persona que conoce la historia de mi tía muchísimo mejor que los demás, me avergoncé de mis pensamientos iniciales; eran unos pensamientos vagos y sin fundamento. Intenté ignorar mi vergüenza, pero pronto noté cómo se extendía por todo mi cuerpo. Por la mañana me levanté con náuseas y mucho malestar.

Rebecca Solnit, en *The Faraway Nearby*, dijo que debemos imaginar la empatía para poder aprenderla. Si no hay semillas plantadas en nuestro interior, es imposible que nada pueda crecer. Es esta la razón por la que muchos no podemos llegar a entender las vidas de los demás. La única forma para crear, plantar algo dentro nuestro y entender todo cuanto nos rodea es la imaginación y el estudio.

Antes creía que era una persona empática por naturaleza, así que me cerraba herméticamente ante lo que me dejaba indiferente. Pero ahora comprendo que aprender a crear algo dentro de mí es uno de los caminos hacia la edad adulta. Estamos muy lejos, pero a la vez muy cerca de muchas personas.

Aprender a imaginar las emociones que no comprendo o con las que no empatizo de inmediato: esta puede ser la única forma de plantar semillas dentro de mí y aprender a ser empática, la única manera de evitar que todo se pudra.

Es difícil entenderlo todo completamente, pero podemos intentarlo.

Creo que hay una diferencia entre ser consciente de esto e ignorarlo. Quiero buscar a personas que me llenen; personas que han sido un pilar importante en mi vida, pero que por una razón o por otra, han desaparecido de ella.

Mis perros son mi alma

Bugi tiene tres años. Suji nueve. Juding quince. Cuando Juding era pequeño lo llamábamos «pequeña bala»; cada vez que la puerta del ascensor se abría salía corriendo rapidísimo, como impulsado por una fuerza sobrenatural. Era muy veloz, y siempre estaba alegre.

Cuando llegábamos a casa por la noche nos esperaba delante de la puerta. Se alzaba con las dos patas traseras y, hasta que no lo cogía en brazos, me daba palmaditas en las rodillas. Siempre sabía cuándo estábamos comiendo, como un fantasma se acercaba sigilosamente a nosotros cuando abríamos una bolsa de patatas o nos sentábamos en la mesa; también, cuando pedíamos pollo frito o carne.

Cuando Juding era joven, su corazón latía con latidos muy regulares y sus ojos brillaban. Su hocico siempre estaba húmedo, sus patitas y su barriga eran de un color rosa suave, olía a bebé. Le gustaba mucho ir al baño o salir al balcón. A veces, cuando quería salir, rascaba en las ventanas que dan al balcón. Ladraba de vez en cuando, también era muy celoso.

Estábamos muy acostumbrados a este carácter de Juding, pero en los últimos años ha cambiado, y ahora es un perro completamente diferente. Ya no es ni necesario atarlo, camina más despacio que yo, está tan sordo que no oye cuando abrimos la puerta del balcón; cuando vuelvo a casa por la noche, hasta que no lo llamo en voz alta no aparece. Ya no bebe leche y a veces incluso se niega a comer carne. Ya no reacciona de ningún modo cuando nos ve comiendo. Su pulso ha pasado a ser mucho más irregular, sus ojos siempre parecen estar desenfocados y no hay día que su hocico no esté seco; incluso la piel de sus patas y su barriga se ha ennegrecido. Ya no rasca la puerta para salir al balcón, hace mucho tiempo que no lo oigo ladrar. Pero duerme mucho, duerme continuamente, tanto que a veces me asusta...

Siempre que veo sus canas, siento un temor que se extiende por todo mi cuerpo. Me da miedo aceptar que Juding ha cambiado, que ya no es el perro de antes, y que nunca volverá a serlo.

Me entristece ver a Suji y Bugi llenos de energía porque me acuerdo de cuando Juding era pequeño. Comprendo que el tiempo de Juding, a diferencia del mío, es vertiginosamente corto. Cada vez que Suji y Bugi vienen corriendo hacia mí o les susurro algo y veo cómo sus orejas se alzan, me acuerdo de Juding.

Siento que soy demasiado joven para haber visto pasar toda una vida. Todos los comienzos y finales son pesados para mí. Nunca puedo disfrutar del momento, siempre pienso en cuándo acabará. Incluso ahora mismo que estoy sentada en el sofá con los tres a mi lado, me quiero aferrar a este momento y no dejarlo ir.

Pienso mucho en la palabra «débil». Soy débil, así que temo y odio todo lo que es débil. Pero el querer tenerlos en mi vida no ha cambiado. Quiero tenerlos siempre aquí, conmigo.

Juntos

A veces me gustaría ser completamente insensible. Quiero ser simple, fría y no sentir nada. La empatía es algo muy presente en mi vida, y en ocasiones me llega a enterrar; es una sombra tan grande que me oculta. Puedo estar viendo una serie, una película, escuchando música, consolando a alguien o explicando mis preocupaciones, y de repente sentir cómo mi corazón se hunde. La sensación es similar a una aguja punzando mi piel. Estoy muy acostumbrada a sentirme así, pero también muy cansada.

La impresión de la aguja en mi piel es tan dolorosa que, para evitarla, he ido construyendo muros inquebrantables a mi alrededor. Durante mucho tiempo he pensado que me beneficiaban, que me protegían; pero en realidad lo que he acabado construyendo ha sido una cárcel (odio usar esta metáfora, pero es realmente como me sentía). Pensaba que era feliz, pero nada puede estar más lejos de la verdad. Quería tener la constante seguridad de no haber cometido ningún error, y anhelaba desesperadamente un cariño, una mínima atención. Me preguntaba una y otra vez por qué era como era, y mi cinismo hacia los demás aumentó. Quería convertirme en alguien frío y racional, pero cuando finalmente lo conseguí, comprendí que todo mi mundo también se había congelado. Si tocaba algo, mi mano se congelaba. Estaba enfadada y frustrada.

Si ahora lo pienso, es todo tan obvio… Encerrarme herméticamente en mí misma, no quedar con nadie, no compartir nada; es evidente que tarde o temprano todo se iba a oscurecer, todo se iba a congelar. Me obsesioné tanto con la frialdad de los otros que en mi vida no perduró calidez alguna.

A cada hora, a cada minuto, sentía una ola de emociones densas que me dejaban sin aire, era como una masa espesa que crecía y crecía en mi interior. Necesitaba una salida de emergencia, un desvío. Fue entonces cuando decidí empezar mi tratamiento. No tardé mucho en comprobar que el compartir mis pensamientos, mientras que cuando era pequeña se me hacía fácil, ahora era casi imposible. Aun así, decidí comenzar sin pensar demasiado. Creí que con hablar con alguien sería suficiente, pero estaba equivocada.

En ese entonces empecé a hablar con otras personas: con mi familia, con amigos, con compañeros de trabajo e incluso con extraños; comprobé que el poder escuchar sus historias, sus problemas, me llenaba de aire fresco. No los escuchaba de una manera falsa y pretenciosa, aplicaba toda la sinceridad de la que era capaz en esas conversaciones. Ahora lo pienso y creo que el poder hablar y escuchar me permitió controlar mi baja autoestima y mi tendencia a autocastigarme.

Comprendí que la mejor forma de vivir es compartir, fue algo que entendí especialmente cuando, por primera vez en mucho tiempo, me fui de viaje con mi familia. Estar juntos nos lleva a ser altruistas, y ser altruistas nos salva de ser egoístas; es normal empezar a pensar en uno mismo, pero al final siempre se acaba pensando en los demás. Me conmueve que alguien escoja estar conmigo, con el tiempo acabo reconociendo que esa persona es necesaria en mi vida, así que nos escogemos mutuamente; reconocer que se necesita a alguien es un acto de valentía del que no todo el mundo es capaz. Porque estar juntos con todo lo que conlleva; con el placer, las malinterpretaciones, el alejarnos y después volvernos a encontrar; todo esto nos hace vivir el presente en todo su potencial. Me pregunto si escoger estar juntos no será un modo de encontrar una brisa de aire fresco dentro de un mundo oscuro y congelado.

Una temporada muy oscura

Siempre estoy en guerra: yo contra docenas, contra centenares. Es imposible luchar sola contra tantos enemigos. Cuanto más crecen los adversarios, menos fuerza tengo yo, y el agotamiento hace que mi voluntad desaparezca repentinamente. No. Tal vez simplemente nunca tuve mucha fuerza. No puedo ganar, no tengo ni la confianza para ganar; ni siquiera la intención de ganar. La vida es como una mochila que nunca se limpia. En cualquier momento puede salir un papel suelto, o una piel de plátano; acabas viviendo con el miedo de que alguien abra la bolsa y se percate del desorden. Quizás se parece a una mochila vieja. La llevas sin cuidado, le das golpes, la desgastas, y en un principio, nadie se da cuenta de los golpes. Tal vez una persona los ve, pero solo una, y es algo excepcional. No te puedes permitir comprar una nueva mochila, así que te aferras a la vieja. Cuando los golpes son visibles, acabas moviendo tu cuerpo de manera incómoda para intentar que no se perciban. Mientras escribía me he estado riendo entre dientes de mi propia metáfora. Pensaba que era una buena metáfora, pero ahora comprendo que no lo es.

Cuando estoy escribiendo en el bus y alguien se pone a mi lado, automáticamente paro de escribir. Sus pupilas se detienen en mi móvil. Tengo miedo a que descubra lo que he redactado. Temo que lea, que entrevea la oscuridad escondida en mi interior. Lo que los otros ven de mí es una membrana inquebrantable que esconde mi yo real, mi oscuridad, lo que nadie puede ver. Todo aquello que no se puede filtrar por las grietas de la membrana, encontrando alguna vena, algún camino oculto hacia fuera, se acaba pudriendo dentro de mí. Por este motivo mis pensamientos nunca están limpios, es muy difícil encontrar algo puro dentro de la putrefacción de mi interior. Los pensamientos que intento purificar una y otra vez siempre salen densos y opacos, es como la suciedad después de filtrar agua fangosa a través de una malla. Trato de esconder mi suciedad con metáforas, con palabras. Todo este intento de refinar lo oscuro puede parecer bonito, pero es un simple envoltorio.

Me gusta la inocencia, la ingenuidad de las personas honestas y los escritos de las personas positivas, pero me derrumbo ante la convicción de que yo nunca podré escribir así. Me es muy difícil aceptar mi propia oscuridad, pero tampoco me veo capaz de arrojarme a un mundo brillante y luminoso. Anhelo sentirme querida y valorada; sin embargo, finjo desinterés en los demás a pesar de mi interés en ellos, me contradigo constantemente. Lo falso crea más falsedad, y después más y más falsedad, hasta el punto de que ahora no puedo distinguir entre lo falso y mi yo verdadero, no puedo diferenciar mis pensamientos reales del envoltorio que he ido creando con el tiempo. El querer permanecer en un estado de tranquilidad y mi verdadero yo, que lo es todo menos tranquilo, colisionan y derrumban el equilibrio de mi consciencia, tormenta que tarde o temprano asoma en mi expresión. Mi expresión deformada crea comportamientos desfigurados. Intento corregir mi mente retorcida, pero pronto todo se rompe en mil pedazos.

A pesar de saber que nunca podré tener entre mis manos una libertad completa, sigo aferrándome al camino que me la promete, camino hacia la deriva. El final del camino se borra, se elimina. Intento crear un camino donde no hay camino alguno, pero no importa cuántas veces pise intentando allanar el terreno, se niega a convertirse en uno. Mis pies siguen golpeando el suelo desesperadamente.

Ficción

Hubo una temporada en la que el único talento que tenía era rasguñar, devastar, carcomer a los demás. La debilidad de otros se presentaba nítidamente ante mis ojos, como una luz en medio de una noche negra. Si alguien me preguntara la razón de mi crueldad, no sabría muy bien qué responder, pero seguramente fuera porque en ese momento no sabía quién era, no me conocía a mí misma. Ni entendía quién era ni podía soportar ver cómo otros fingían saberlo todo, no aguantaba ver a alguien seguro de sí mismo; me ahogaba y me producía arcadas. No me quedó otra opción que infiltrarme en sus interiores y encontrar sus debilidades, disfrutaba de verlos sufrir, me consolaba. Solía vivir una vida muy despreciable.

Enterrar y mantener enterrado

Creo que la actitud es más importante que el carácter. No, pienso que hay esencia dentro de las actitudes, que la honestidad se filtra y se manifiesta en las acciones. Es por esto que me obsesiono con el brillo en los ojos de los demás, con sus gesticulaciones, con sus tonos, con sus movimientos.

Cuando se ama a alguien surgen muchas preguntas, pero no siempre se manifiestan en palabras. Hay preguntas que se vomitan con todo el cuerpo, se vomitan a través de los gestos, a través de los tonos. La cara apoyada en una mano y el cuerpo inclinado hacia mí, unos ojos que observan con atención mis labios, el asentir con la cabeza, la concentración con la que repiten mis palabras. Cuando alguien vomita con todo el cuerpo preguntas hacia mí, hablo sin descanso. Es una situación ambigua en que todas las palabras se convierten en preguntas, y todas las preguntas se convierten en respuestas. Así se siente el tener a alguien con quien sientes que podrías revelarlo todo sobre ti, aunque no te pregunte expresamente.

Pero también hay muchas preguntas que desaparecen en nuestro interior. Creo que las personas, en general, somos más bien tímidas. A veces nos callamos lo que queremos decir, nuestra garganta se encoge al preocuparnos sobre lo que otros pueden llegar a pensar. Mis amigos me llamaban «la reina de las preguntas», pero incluso las preguntas que conseguía desvelar eran el resultado de un proceso de selección. Muchas preguntas son invasoras, obvias e infantiles.

Es por esto que me gusta cuando la gente fuerza respuestas de mí sin tener que preguntar nada, o responde a mis preguntas antes de yo poder formularlas. Cuando conozco a alguien así siento una calidez por todo mi cuerpo.

Todo es un poco agridulce. ¿Dónde irán las preguntas que no pueden fluir por nuestra garganta? ¿Se romperán en mil pedazos y se esparcirán por todo nuestro cuerpo? ¿Desaparecerán en el abismo de nuestro interior? ¿Se convertirán en comportamientos extraños? El silencio, todo lo que desaparece en el abismo de nuestro interior, ¿puede que nos impida ser sinceros con los demás? Esto es lo que más temo, no poder ser honesta, que algo me impida ser sincera.

El romanticismo y el sarcasmo

A menudo juzgamos el todo por un solo instante. A alguien le puede gustar mucho leer, pero si la primera vez que lo conozco está mirando detenidamente fotos de Instagram, lo puedo llegar a juzgar como a alguien superficial. Por esta razón, pienso que el «amor a primera vista» o el «destino» es una simple racionalización del romanticismo. Todo se reduce a estar en el lugar adecuado, en el momento adecuado. Es tener suerte de conocernos en nuestros mejores momentos, es la fortuna de encontrarnos en el instante más brillante para ambos; es simple coincidencia. Pero estas coincidencias son responsables de la mayoría de nuestras relaciones, así que no creo que sea necesario ser sarcástica respecto a ellas.

En todo caso, la vida es un ir y venir entre sarcasmo y romanticismo. Cuando se va y viene entre el frío y el calor, desaparece el aburrimiento. Lo que más temo es verme estancada en un agua templada; no poder volver a sentirla ni fría ni caliente, estar atrapada en un estado de indiferencia e insensibilidad. Si vivir significa sobrevivir en lo templado, es mejor estar muerta.